Für unsere Familien – Ihr habt in den letzten Jahren auf viel gemeinsame Zeit verzichten müssen.

DAS IMPRESSUM

FOTOGRAFIN

Gesichter Bonns – Beatrice Treydel
Am Schwanenmorgen 11, Telefon: 0228-92 98 99 11
E-Mail: post@foto-box.org, www.foto-box.org

AUTOREN

Der Videograf – Christian Mack
info@dervideograf.de, www.dervideograf.de

Beatrice Treydel
mitmachen@gesichter-bonns.de

VERLAG

Math. Lempertz GmbH
Hauptstraße 354, 53639 Königswinter
Telefon: 02223-90 00 36, Telefax: 02223-90 00 38
E-Mail: info@edition-lempertz.de, www.edition-lempertz.de

GESTALTUNG

Sarah Weller / grafik design

KARTEN

Gestaltung: Jana Merkens
Kartengrundlage © OpenStreetMap-Mitwirkende / www.openstreetmap.org/copyright

DRUCK

bis500druck
Ziegelhüttenweg 4, 98693 Ilmenau
Telefon: 03677-46 92 43
E-Mail: info@bis500druck.de, www.bis500druck.de

INHALTSVERZEICHNIS

VORWORT

Die Geschichte der Gesichter Bonns

Als mein Freund Christian und ich beschlossen zusammen zu ziehen, war für uns sofort klar, dass unsere Wohnung in Bonn sein muss. Er lebte zu diesem Zeitpunkt in Niederkassel und ich im schönen Rheinbach, wohin es mich nach meinem Studium verschlagen hatte, nachdem mein Chef mich fragte, ob ich mir ein Leben im Rheinland vorstellen könne. Nachdem ich jahrelang in Mannheim gewohnt hatte, wollte ich aber nicht in eine ungemütliche Großstadt. Köln war mir irgendwie immer fremd und in Bonn war ich noch nie gewesen. Ich dachte, auch das ist für mich als Thüringer Kleinstadtkind nicht die richtige Stadt. In den Jahren danach stellte ich aber eines fest: Ich verbrachte meine ganze Freizeit in dieser Großstadt. Ich liebe das Flair der Stadt. Die vielen Sprachen auf der Straße, von denen ich zugegebener Maßen kaum eine verstehe. Die typische Bönnsche Art, die zwar offen, aber dennoch nicht oberflächlich ist.

Bonn ist etwas Besonderes. Bonn – die Stadt am Rhein. Bonn – die nördlichste Stadt Italiens. „Multikulti" ist oft zu einer Art Unwort verkommen. Aber ich finde in Bonn wird Multikulturalität gelebt. Bonn hat es geschafft, auch nach Hauptstadtzeiten und ohne die Botschaften für Menschen vieler Nationen lebenswert zu bleiben. Zudem mag ich die Kulturszene in Bonn. Die sich oftmals kleiner redet, als sie ist. Ich liebe es, dass sich Menschen gegen die „Lärm-Motzkis" wehren und dass es neben Beethoven noch Platz für Kleinkunst und Street Art gibt. Die Menschen hier lassen sich nicht unterkriegen und kämpfen für ihre Ideen. Sie stehen füreinander ein und unterstützen sich gegenseitig und das trotz viele rechtlicher und bürokratischer Widerstände. So entstanden unter viel privatem Engagement tolle Initiativen wie der Bonn Stomp, die Farbik45 oder das Kult41 und natürlich die Initiative für die zivile Nutzung der Ermekeilkaserne. Hinter vielen kleinen Erfolgsgeschichten in Bonn steckt harte Arbeit und jahrelanges Engagement, wie beim Frauenmuseum. Und dabei ist es oftmals schwer, nicht den Mut zu verlieren und gegen viele Widerstände anzukämpfen. In Bonn ist nicht alles auf Hochglanz poliert. Hier gibt es noch kleine schnuckelige Kinos wie das Rex-Lichtspieltheater oder das Woki. Es gibt kleine, individuelle Läden und nicht nur große Ketten. Und für mich als Natur-Junkie ist es besonders schön, dass hier alles so grün ist. Dass man im Kottenforst wandern gehen, über das Meßorfer Feld schlendern kann oder beim Blick auf den Rhein spürt, wie eigene trübe Gedanken davon gespült werden. Und nicht zuletzt steckt in Bonn unglaublich viel Geschichte. Unser Grundgesetz wurde hier unterzeichnet, die ersten Schritte zur Wiedervereinigung Deutschlands hier gemacht.

Als die Mauer fiel, war ich noch ein kleines Kind. Meine Familie hatte „Westverwandtschaft" und ich habe noch heute kleine Fetzen von Erinnerungen daran, wie wir gegen Ende der DDR über die Grenze gefahren sind, um sie zu besuchen. Die Bilder aus dem Fernsehen damals, wie kleine Kinder über Zäune und Mauern gehoben wurden, haben mich als kleines Kind sehr stark verstört. Ich hatte Angst und konnte die Bilder nicht einordnen. Meine Großeltern erzählen mir noch heute oft, wie ich als Fünfjährige bei einem weiteren Besuch im Westen gesagt habe: „Ich will nicht in den Westen!" – und heute lebe ich ausgerechnet in der Hauptstadt eben jenes ehemaligen Westens, in den ich damals nicht wollte.

Nachdem wir nach Bonn gezogen waren, stand für mich fest, dass ich diese Vielfältigkeit Bonns zeigen wollte. Zeigen, wie mich diese Stadt immer wieder berührt. Zeigen, was in dieser Stadt steckt. Und da es die Menschen sind, die eine Stadt liebenswert machen, war mir schnell klar, dass ich dies nur über Portraits seiner Einwohner erreichen konnte, dass ich mit Fotos mein Bonn zeigen wollte. Die Idee zu Gesichter Bonns war geboren. Ich kaufte mir Studioausrüstung. Bis dahin hatte ich Foto-Studios bei Bedarf immer gemietet. Jetzt wollte ich aber sicherstellen, dass ich alle Menschen immer unter den gleichen Bedingungen zeigen kann. Ohne „Schischi" und ohne Tricks. Ich finde, dass das nur mit einem immer gleichen Set an Licht und Technik gelingen kann. Deshalb entschied ich mich für Gesichter Bonns, auch Studio-Fotografie einzusetzen, auch wenn ich persönlich als Fotografin damit nie wirklich warm geworden bin. Es ist nicht meine Art zu fotografieren, war aber eine schöne Möglichkeit, die eigenen

Vorlieben einmal zu überwinden und etwas Anderes auszuprobieren. Ich entschied mich letztendlich dafür, von jedem Bonner meines Projektes zwei Fotos zu machen. Und dabei stets die gleiche Technik einzusetzen. Für das Studio-Portrait kam so für jedes der Bilder mein 85mm-Objektiv zum Einsatz und am Lieblingsort mein 50mm-Objektiv. Ich wollte unbedingt vermeiden, dass die Wirkung der Menschen durch den Einsatz von verschiedenen Objektiven verzerrt wird. So entschied ich mich ganz bewusst dagegen, beispielsweise Weitwinkelobjektive einzusetzen. Auch wenn so mancher Lieblingsort geradezu dazu eingeladen hätte. Und so startete Gesichter Bonns im Freundeskreis. Es ist nämlich schwer, Menschen theoretisch von Ideen zu überzeugen. Man braucht Anschauungsmaterial. Und meine Freunde waren alle überzeugte Bonner. Alles Menschen, die es als junge Erwachsene hierher verschlagen hat und die am liebsten nicht wieder weg wollen. Mit diesen Fotos im Gepäck begann ich Listen zu schreiben von Persönlichkeiten, die ich gern dabei haben wollte. Dazu zählten natürlich Menschen, denen ich oft in meinem All-

tag begegne, so wie der Gemüsehändler Max. Menschen, deren Geschichte mich interessiert. Menschen deren Wesen mich beeindruckt. Aber auch Prominente zählten dazu. Denn was viele nicht wissen ist, dass in Bonn sehr viele Promis wohnen. Einer dieser Prominenten ist Bernhard Hoëcker. Und er war auch der erste, bei dem ich mein Glück versuchen wollte, denn ich hatte das Gefühl, dass er ein netter Kerl ist und sich bestimmt meine Idee anhören würde. Zugegebener Maßen bin ich aber eher ein Feigling. So hatte ich schon längst seine Kontaktdaten recherchiert, mich aber noch nicht getraut eine Mail zu schicken. Und dann mitten bei einem Einkauf bei Knauber steckten Christian und ich in der Drehtür fest, weil auf der anderen Seite jemand zu fest geschoben hatte. Und wer steckte mit uns fest? Bernhard Hoëcker! Er war auf dem Weg nach draußen. Nachdem sich die Tür wieder in Bewegung gesetzt hatte, ließ ich Christian fast kommentarlos stehen und rannte Bernhard hinterher. Mein Herz schlug mir zwar bis zum Hals, aber ich nahm meinen ganzen Mut zusammen, da ich dachte, dass sich eine bessere Chance nie mehr bieten würde. Bei ihm

schnaufend angekommen, sprach ich ihn schüchtern an und erzählte von meinem Projekt. Er lächelte mich die ganze Zeit freundlich an und willigte sofort ein mitzumachen. Nach einigen Mails, die ich mit seinem Management ausgetauscht hatte, klingelte es an einem Septembermorgen an unserer Haustür. Bis zu diesem Moment hatte ich nicht recht daran geglaubt, dass er wirklich bei mir im Wohnzimmer sitzen und sich von mir fotografieren lassen würde. Aber ab diesem Augenblick beschloss ich, nicht mehr so ein großer Feigling zu sein, sondern einfach mal etwas zu wagen. Was könnte schon passieren?

Innerhalb von drei Jahren habe ich einen Großteil meiner Freizeit, die bei meinem Vollzeitjob noch übrig blieb, in dieses Projekt gesteckt. Meine Wochenenden statt mit der Familie mit neuen Menschen geteilt. Im Verlaufe des Projektes sind immer mehr Bonner darauf aufmerksam geworden. Ich hatte schnell über 300 Anfragen von Menschen im Postfach, die gern teilnehmen wollten. Ich musste schweren Herzens anfangen zwischen all diesen tollen Geschichten auszuwählen. Das war nicht gerade leicht. Denn jede

Geschichte ist es wert, erzählt zu werden. In diesem Buch finden sich nun die gesammelten Geschichten aus drei Jahren. Die Texte und Beschreibungen der einzelnen Personen beziehen sich dabei immer auf den Zeitpunkt des Entstehens der Fotos. Die Zeit steht gewissermaßen still. So gelingt es auch mir, immer zarte 28 Jahre alt zu bleiben. Und Jürgen Nimptsch ist in diesem Buch auch noch Oberbürgermeister.

Die Frage, was passiert, wenn man mal mutig ist, möchte ich an dieser Stelle dann doch selbst noch beantworten: Ich habe unendlich viele tolle Menschen kennen gelernt und mit der Unterstützung von ganz vielen lieben Menschen tatsächlich nach drei Jahren mein kleines Mammutprojekt abgeschlossen. Mut lohnt sich also und jeder von uns sollte einfach mal über den eigenen Schatten springen!

B. Treydel

Beatrice Treydel

HIER GEHT'S ZUM VIDEO!

VORWORT

„Ameisenscheiße!" – sechs Menschen, die sich vorher noch nie gesehen haben, stehen in selig grinsender Eintracht nebeneinander und sagen ein weiteres Mal wie aus einem Mund: „Ameisenscheiße!". Sie rufen es regelrecht mit Freude heraus, während sie in unserem Wohnzimmer stehen, das Bea und ich zum Fotostudio umgebaut haben. Bis vor wenigen Momenten kannten wir die meisten dieser Menschen nicht, die jetzt gemeinsam für Beas Kamera posieren und dabei die nicht ganz stubenreine Alternative zum Grinse-Kommando „Cheese!" aufsagen. Sechs wildfremde Menschen, die nur eins gemeinsam haben: Bonn. Und natürlich ein fettes Grinsen im Gesicht – denn wer könnte sich das bei „Ameisenscheiße!" schon verkneifen? Diese Momentaufnahme aus rund drei Jahren Projektarbeit zu Gesichter Bonns ist eine schöne Anekdote – und höchst repräsentativ. Sie steht für das Verbindende, für die Lebensfreude und die Aufgeschlossenheit, die sich die Gesichter Bonns zu Recht in ihren für dieses Buch aufgezeichneten Erzählungen attestieren und die für sie die Lebensqualität ihrer Stadt ausmacht.

In den drei Jahren, in denen Bea und ich Bonnerinnen und Bonner an ihrem Lieblingsplatz und in unserem Wohnzimmer-Studio fotografiert, gefilmt, befragt und schließlich kennengelernt haben, haben wir eine ganz persönliche Brücke geschlagen zu unseren Mitbürgern. Mitbürger, die man immer um sich hat. Denen man jeden Tag in Bus oder Bahn, im Supermarkt oder in der Kneipe, in Parks oder einfach auf der Straße begegnet – und doch nicht mehr von ihnen und über sie erfährt, als es ein flüchtiger Blick zulässt.

Die Brücke zu diesen Menschen, die Bea und ich kennen lernen wollten, war eine Kamera. Eine Kamera und eine Idee: Eine Art dokumentarische Stichprobe aus Menschen des Bonner Alltags, die in eine Fotoausstellung und in dieses Buch münden sollte. Die Kamera und der Überbau von Buch, begleitendem Blog und Ausstellung nahm Bea und mir die Scheu, auf unsere Mitbürger zuzugehen. Und die Verbundenheit zu ihrer Stadt gab wiederum den Gesichtern die Gelegenheit, auf uns zuzugehen und Teil einer Sache zu werden, die zwar einem jeden eine Plattform bietet, aber eben doch größer ist als die darin versammelten Einzelpersonen. Das Ergebnis dieses Prozesses faszinierte mich sofort und wird vermutlich nie aufhören mich zu faszinieren: Über Gesichter Bonns hat sich eine Gemeinschaft gebildet. Wir, die Macher, haben viele ganz tolle Menschen kennengelernt, denen wir ohne das Projekt vermutlich nie begegnet wären und auch die Gesichter haben zum Teil untereinander neue Kontakte geknüpft. Es sind tatsächlich Bekanntschaften, Kooperationen und feste Freundschaften entstanden.

Das „Bindeglied Bonn" hat gereicht, ganz unterschiedliche Menschen (jung, alt, dick, dünn, arm, reich, Rheinländer oder Zugewanderte, religiös oder nicht, schwul oder hetero) zusammen zu bringen. Dieses Bindeglied hätten sie freilich auf der Straße, im Supermarkt oder Park auch gehabt – denn da sind sie ja auch alle Bonner oder Bonnerin. Aber erst Gesichter Bonns hat sie mit uns und zum Teil untereinander bekannt gemacht, in dem sie sich in unserem Wohnzimmer-Fotostudio begegnet sind, oder dazu gebracht, ihre Geschichte in diesem Buch mit der Öffentlichkeit zu teilen.

Vielleicht erkennen Sie beim Lesen dieses Buches ja das ein oder andere Gesicht wieder, das Sie schon einmal im Bus, Supermarkt, Restaurant oder Park gesehen haben. Dann wird es Ihnen nicht mehr ganz so fremd sein. Und dann hätte dieses Projekt, dieses Buch auch für Sie etwas geleistet, was es für Bea und mich längst geleistet hat: Es hätte die Distanz zu den Menschen des Bonner Alltags ein Stück weit aufgehoben und – zumindest in eine Richtung – eine Brücke zu ihnen geschlagen. Und wenn sich dann bei der nächsten Busfahrt Ihr Blick mit dem eines fremden Gesichts kreuzt, dann denken Sie einfach „Ameisenscheiße!". Das damit verbundene freundliche Lächeln könnte der Beginn einer neuen Freundschaft sein!

C. Mack

Christian Mack

DAS VIELFALT. VIEL WERT.-PROJEKT DER CARITAS

Sehr geehrte Leserinnen,
sehr geehrte Leser,

unsere Gesellschaft ist heute vielfältiger denn je: Vielfalt zeigt sich in Lebensstilen, Alter, Religionen, Herkunft, Kulturen, Geschlechtern und den anderen Facetten unserer Identitäten. Gerade die Begegnungen mit Menschen auf der Flucht zeigt uns dies ganz aktuell. Vielfalt birgt neben Potentialen auch immer neu die Herausforderung, dass die verschiedenen Lebenswelten und Milieus sich nicht aus den Augen verlieren!

Um (neue) Begegnungen zu ermöglichen und Vielfalt in unserem Umfeld als positiv und bereichernd zu erleben, hat die Caritas im Erzbistum Köln die Kulturkampagne vielfalt. viel wert. gestartet. Einer der Projektstandorte ist bei der Bonner Caritas

angesiedelt. Hier hat Projektleiter Jonas Kötter neben anderen vielfalt. viel wert.-Projekten die beeindruckende Fotoausstellung „Gesichter Bonns" realisiert. Miteinander statt Nebeneinander – Denkschubladen öffnen – Klischees und Vorurteile überwinden – Neugier wecken – offen sein für „Anderssein" – Unterschiede und Gemeinsamkeiten entdecken: All das steckt hinter der Kampagne vielfalt. viel wert. Das Projekt „Gesichter Bonns" macht deutlich: Vielfalt ist kein bloßes Konzept, sondern eine lebendige Realität, die durch die Fotos und Texte aufgezeichnet und sichtbar gemacht ist. Vielfalt ist da – wir müssen ‚nur' unsere Augen öffnen und uns aufeinander einlassen.

Die Unterstützung des Bildbandes „Gesichter Bonns" ist unser Beitrag zur Vielfalt in unserer Stadt: Er zeigt die Portraits von Bonnerinnen und Bonnern, die Einblicke in ihre Geschichte und ihr persönliches Bonn geben. Die Bilder und Texte erzählen Geschichten über Verbundenheit und Inspiration.

Wir danken allen Mitwirkenden und Förderern, die dieses Projekt mitgetragen haben. Es wird deutlich: vielfalt. ist viel wert!

Jean-Pierre Schneider
Caritasdirektor

LIEBLINGSORT AUSSICHT

„Bonn besteht aus viel Aussicht auf Bonn" – diesen Satz habe ich mal aufgeschnappt und irgendwie ist etwas daran. Denn Bonn ist landschaftlich sehr schön eingefasst in Rhein, Siebengebirge, Eifel und Westerwald.

In diesem Kapitel sind Aussichten auf Bonn oder das Bonn ausmachende Umland zusammengefasst. Es beinhaltet auch eine kleine künstlerische Freiheit, die wir uns für Gesichter Bonns erlaubt haben. Und zwar einen Lieblingsort, der eindeutig nicht auf Bonner Stadtgebiet liegt: Den Drachenfels. Trotzdem gehört der irgendwie zu Bonn wie Beethoven und Bonner Münster. Das findet auch Kabarettist und „Springmaus"-Chef Andreas Etienne, denn er hat den Drachenfels zu seinem Lieblingsort „in Bonn" erkoren. Damit dieser Kunstgriff nicht ganz so auffällt, haben wir Andreas für dieses Buch vor der Bonner Skyline und nicht vor der neoromantischen Drachenburg in Szene gesetzt.

Die Aussicht auf das Siebengebirge ist in Bonn an klaren Tagen fast überall gegeben – und sie ist auch der heimliche Star auf den Lieblingsort-Portraits von Lucas, Dietrich und Simone. Für Lucas aus Argentinien war die Aussicht vom Rodderberg auf die Stadt der erste Eindruck, den er von Bonn gewinnen konnte. Nicht der schlechteste, wie ich finde!

Mert hat Bea und mich schließlich mit dem Turm der Godesburg an einen Ort geführt, den wir zuvor noch nie betreten hatten. Momente wie dieser, in denen man noch neue Facetten an „seinem Bonn" entdecken durfte, zählen zu den schönen Erinnerungen, die für mich auf ewig mit den Gesichtern Bonns verknüpft sein werden.

Christian Mack

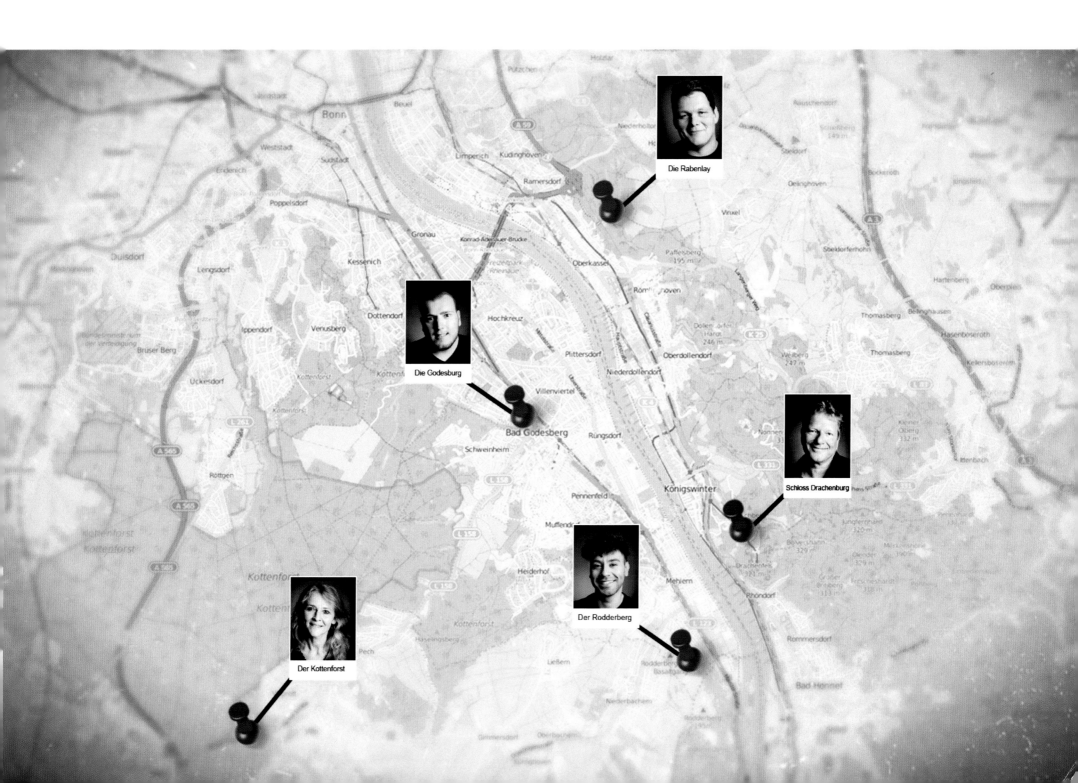

Die Rabenlay

Die Godesburg

Schloss Drachenburg

Der Rodderberg

Der Kottenforst

ANDREAS ETIENNE (60)

SCHAUSPIELER UND GESCHÄFTSFÜHRER HAUS DER SPRINGMAUS, OESTRICH-WINKEL (HESSEN)

Ich habe Bonn zum ersten Mal gesehen, als ich Freunde aus meiner Bundeswehr-Zeit in Endenich besuchte. Natürlich habe ich mich verfahren und stand plötzlich vor dem Uni-hauptgebäude am Hofgarten, spazierte da herum, sah den Kaiserplatz, die Poppelsdor-fer Allee und stadtseits die Buchhandlung, Geschäfte und Cafés und da war mir klar: In diesem Schloss willst du studieren! End-lich ein Rahmen, aus dem man fallen kann!

Ich mag Bonn so gerne, weil es eine offene, grüne Stadt ist, mit dem Rhein, dem Venus-berg und dem Siebengebirge. Bonn ist Stadt und Dorf zugleich, es gibt noch (!) kleine Geschäfte, die nicht zu irgendeiner Kette gehören, urige Kneipen und vor allem viele sehr freundliche und fröhliche Menschen. Wenn ich in Bonn einkaufen gehe, dann ist das für mich Spaß. Nicht einfach rein, aussu-chen, bezahlen raus – nein, man kennt sich, man quatscht miteinander, lacht, lästert. So macht Einkaufen Spaß! Außerdem gibt es hier noch urige Menschen, Originale, wie Max Walbröl zum Beispiel, unseren Früchte- und Blumenhändler in Endenich. Außerdem gibt es hier viel Schönes zu gucken: Manche Stadtteile, die Museen, ein breites Kultur-angebot – mehr brauche ich nicht und wenn mich doch mal Lust nach mehr überkommt – Köln ist nicht weit.

Man ist in spätestens 15 Minuten von Bonn aus mitten in der Natur, zum Beispiel auf Schloss Drachenburg, von wo aus man einen wunderbaren, erhabenen Blick über das Rheintal und in Obstgärten und Wald hat. Es ist ja ohnehin so, dass der Bonner alles, was im Umland liegt und schön ist, als Bonn versteht. Das Schloss ist quasi der Außenbereich der Bonner Innenstadt. Und dieses rheinische Neuschwanstein ist einfach so wunderbar kitschig-schön, dass ich sehr gerne hier bin, zwischen Rheinromantik, Nibelungensage und Üppigkeit. Ja, ich gestehe, ich bin ja selbst auch üppig und schwelge gerne ab und zu in Nostalgie, dann habe ich auch wieder die Nerven, mich mit dem hier und jetzt auseinanderzusetzen.

HIER GEHT'S ZUM VIDEO!

LIEBLINGSORT
SCHLOSS DRACHENBURG

Gesichter-Bonns.de
Beatrice Treydel

DIETRICH NAPIONTEK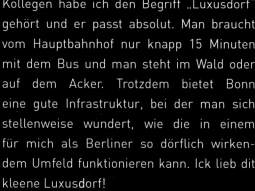

STUDENT,
BERLIN

Ich bin in Berlin aufgewachsen und seit meinem ersten dienstlichen Besuch verliebt in Bonn. Keine zwei Jahre später hat es dann auch mit der Stelle geklappt und ich bin hergezogen. Mir gefällt hier besonders die Gegend, diese Modellbahnlandschaft südlich von Bonn mit dem blauen Fluss, den grünen Bergen und wenn dann noch ein roter Zug entlangfährt, ist der Romantik-Idyllen-Faktor nicht mehr zu überbieten. Von einem

Kollegen habe ich den Begriff „Luxusdorf" gehört und er passt absolut. Man braucht vom Hauptbahnhof nur knapp 15 Minuten mit dem Bus und man steht im Wald oder auf dem Acker. Trotzdem bietet Bonn eine gute Infrastruktur, bei der man sich stellenweise wundert, wie die in einem für mich als Berliner so dörflich wirkendem Umfeld funktionieren kann. Ick lieb dit kleene Luxusdorf!

HIER GEHT'S ZUM VIDEO!

Mein Lieblingsort ist die Rabenlay, ein Ort, den man von vielen Stellen Bonns aus sehen kann und von dem aus man viele Stellen Bonns sehen kann. Als ich nach Bonn kam, wollte ich da unbedingt mal rauf, was aber gesundheitlich nicht möglich war. Nach einigen Jahren Physiotherapie und Sport (und Schmerzmitteln) habe ich es dann endlich geschafft, den Rheinsteig entlangzulaufen und habe mich vom Parkplatz Oberkassel aus von Aussichtspunkt zu Aussichtspunkt gehangelt, bis auf einmal zwischen Bäumen ein paar Bänke standen und der Blick durch die Bäume auf Rheintal, Drachenfels und Rolandsbogen fiel. Die Bäume, der weite Blick und mein persönlicher Erfolg machen diesen Ort zu meinem Lieblingsort.

LIEBLINGSORT
DIE RABENLAY

LUCAS JOOS ③②

TEAM ASSISTANT BEI DEN VEREINTEN NATIONEN, BUENOS AIRES (ARGENTINIEN)

Ich komme vom Río de la Plata und Spanisch ist meine Muttersprache. Ich habe jedoch deutsche Wurzeln, da mein Opa aus Süddeutschland stammte. Als ich nach Bonn gekommen bin, bedeutete diese Stadt Zukunft, neue Möglichkeiten, neues Leben. Ich hatte viel vor und wollte eine Arbeit hier suchen, aber nicht irgendeinen Job, sondern meinen Traumjob. Deshalb bin ich nach Bonn umgezogen.

Heute ist mein Traum in Erfüllung gegangen und ich habe mich verwirklicht. Jetzt ist Bonn mein Leben, weil Bonn für mich so viel bedeutet: Hier habe ich alles geschafft, was ich mir je erträumt habe.

Diese Bank auf dem Rodderberg war eigentlich der erste Ort, den ich in Bonn besucht habe. Kurz nachdem ich in Bonn angekommen bin, ging ich spazieren und habe diese Bank mit diesem wunderschönen Blick entdeckt.

Die Landschaft war total überwältigend. Ich musste mich hinsetzen und es einfach betrachten. Das schöne Wetter, die Berge, der Rhein, die Bäume, die Pflanzen, die frische Luft, der feuchte Duft, das Frühjahr, die Natur... Diese Situation berührte mich. Das war für mich das erste Zeichen dafür, dass ich in Bonn bleiben sollte.

LIEBLINGSORT
RODDERBERG

MERT HAKALMAZ (22)

STUDENT DER WIRTSCHAFTSWISSENSCHAFTEN, BONN

Bonn ist meine Heimat – das steht für mich fest. Die Lage zwischen den zwei größten Ballungsgebieten der Republik – Rhein-Ruhr und Rhein-Main – ist absolut top. Hier kann man Zeit verbringen ohne sich viel zu stressen, da die Bundesstadt selbst mit knapp über 300.000 Einwohnern nicht allzu groß ist. Die Straßen sind nicht überfüllt, man findet immer einen Parkplatz und man kann hier entspannt leben. Trotzdem haben wir alles hier, was man für das alltägliche Leben benötigt. Und wenn man mal tatsächlich einen größeren Shopping-Trip plant, sind Köln, Düsseldorf, Frankfurt und die Niederlande nicht weit entfernt. Dazu kommt, dass Bonn an der Grenze zur Pfalz liegt und das macht sich in der Landschaft bemerkbar.

Alexander von Humboldt bezeichnete den Blick vom Rolandsbogen auf das Siebengebirge als einen der sieben schönsten Blicke der Welt. Wir müssen uns nicht hinter Heidelberg, München oder Hamburg verstecken, das hat Bonn definitiv nicht nötig. Somit kann man auch verstehen, warum ich die Spitze der Godesburg als meinen Lieblingsort auserkoren habe. Das Panorama ist phänomenal und hier kann man ganz Bonn betrachten – mit allen Farben und Facetten.

LIEBLINGSORT

GODESBURG

SIMONE ZELL (51)

LEHRERIN FÜR DEUTSCH ALS FREMDSPRACHE, MINDELHEIM (BAYERN)

Ich bin vor mehr als 17 Jahren aus Bayern nach Bonn gekommen, um mit dem Mann zu leben, den ich liebe. Für ein „bayrisches Madl" liegt Bonn ganz schön weit im Norden und so manches war für mich in der ersten Zeit sehr gewöhnungsbedürftig: Der Dialekt, das Bier, der Karneval und die Freundlichkeit. Doch ich habe mich sofort aufgenommen gefühlt, denn Bonn ist offen und tolerant gegenüber Fremden.

Beruflich bietet mir die Multikulturalität Bonns die wunderbare Möglichkeit, Menschen aus aller Welt Deutsch beizubringen. Diese alltägliche „Weltreise" gewährt mir nicht nur Einblicke in andere Kulturen, sondern verändert auch meinen Blick auf unsere eigene Lebensweise.

Bonn ist vielfältig und immer in Bewegung und deshalb möchte ich aus Bonn nie weg.

Ich wohne in Wachtberg-Ließem, im Süden von Bonn, von hügeliger Natur umgeben. Wenn ich morgens mit dem Fahrrad zum Deutschunterricht nach Bad Godesberg fahre, passiere ich Felder, Wälder und Wiesen und genieße den Blick von oben auf Bonn, den Rhein und das Siebengebirge. Das Licht und die Farben sind jeden Tag anders und dieser Anblick macht mich immer froh und lässt mich mit einer positiven Stimmung in den Tag starten.

LIEBLINGSORT
NATUR ZWISCHEN LIESSEM UND BAD GODESBERG

LIEBLINGSORT
GASTRONOMIE

Die Bonner Gastronomieszene ist vielfältig. Von kleinen Pubs über in Bonn gegründete Systemgastronomie-betriebe bis hin zu Restaurants mit internationaler Küche, in denen man eine ganze kulinarische Weltreise machen kann. Mit Gastronomie ist aber vor allem Gemütlichkeit und die Gesellschaft von netten Menschen verbunden. So wie für eines der bekanntesten Bonner Gesichter: Den Alle-mal-malen-Mann. Er ist aus der Bonner Kneipenszene nicht wegzudenken. Bei seinen Gesprächen mit Studenten bleibt er immer Up-to-Date und weiß deshalb bestens über Wikipedia und Facebook Bescheid, wie er uns beim Treffen verriet, ohne jemals selbst durchs Internet gesurft zu sein. Einer der Orte, an dem man ihn abends oftmals antrifft, ist das „Pawolw", welches der Lieblingsort von Katja Dörner ist, die hier ganz in der Nähe ihr Wahlbüro hat. Auch Ninas Lieblingsort liegt in der Bonner Altstadt: Schon ganze Nächte hat sie im „Nyx" durchgetanzt.

Brittas Lieblingsort ist im Grunde ihr Büro: Das „Extra Dry". Hier startete sie ihre Karriere als Autorin. Wie das ablief, beschreibt sie in ihrem Text.

Beatrice Treydel

Das Nxy

Das Pawlow

Wirtshaus Salvador

Das Extra Dry

JAN LOH ⑧⁴

RENTNER UND BEKANNT ALS „ALLE-MAL-MALEN-MANN", GLADBECK (NRW)

In Bonn hat man Dorf, Kleinstadt und Groß-stadt. Alles zusammen. Das ist der Reichtum Bonns: Dass man hier das Kleine, Gemütli-che, Dörfliche hat, aber das Großstädtische auch. Ich habe hier studiert, danach hier gearbeitet. Für die Regierung habe ich Infor-mationen über Entwicklungshilfe gegeben und dann bin ich hier geblieben. Weil ich hier viele Bekannte und Freunde gefunden habe, weil es hier gemütlich ist und man mit den Leuten in Kontakt kommt. Und wenn man mal eine größere Stadt braucht, dann ist Köln auch nicht so fern. Aber was man an Bonn hat und was hier möglich ist – das ist schon ein gewisser Reichtum. Den Rhein und die Wälder Bonns mag ich zum Beispiel. Aber auch die Stadt. Alles hat hier seinen Reiz.

Jedes Gasthaus hat seinen Reiz und in Bonn sitzen da ja fast nur junge Leute. Im Gegensatz zu Köln. Köln hat prozentual genauso viele Studenten wie Bonn – die fallen aber überhaupt nicht auf. Am Rhein sitzt da fast nur „50 plus". Bonn ist jünger. Hier mache ich dann immer meinen Abendspaziergang. Und das ist schon interessant, dabei die Leute zu malen. Dabei erzählt man sich was. Diese Begegnungen mag ich sehr. Denn jeder Mensch ist eigentlich unendlich interessant.

LIEBLINGSORT
ABENDLICHE RUNDE

BRITTA SABBAG (35)

AUTORIN, OSNABRÜCK (NIEDERSACHSEN)

Ich kam mit elf Jahren von Osnabrück nach Bonn und erlebte als „Hochdeutsch-Immigrantin" sofort meinen ersten Kulturschock: „Mama, die können hier alle gar nicht richtig sprechen!", war meine erschrockene Reaktion nach dem ersten Schultag, womit ich den rheinischen Dialekt, in Bonn auch „Bönnsch" genannt, meinte. Nach Abitur und Studium allerdings fiel mir auf: Ich spreche selber so. Bonn hatte abgefärbt. Bonn war zur neuen Heimat geworden und nicht nur das: Wer hier nicht geboren ist und trotzdem bleibt, der trifft eine bewusste Entscheidung: Eine Wahlheimat.

Bonn ist wie ein warmes, weiches Nest. Wie heißer Schokopudding an einem kalten Wintertag. Ein Dorf mit allen Vorzügen einer Stadt, aber ohne die raue Hektik, die viele Großstädte ausstrahlen. Wer einmal in Bonn lebt, der geht nicht mehr weg. Bekannte von mir, die nach Berlin gingen, kamen zurück. Ich denke, mit Bonn ist es wie mit Omas Essen: Man kann es überall nachkochen, aber nirgends schmeckt es so nach Liebe.

HIER GEHT'S ZUM VIDEO!

Mit dem „Extra Dry"-Café in Bonn verbindet mich sehr viel. Als ich 2009 nach sieben Jahren die Bürokarriere als Personalreferentin an den Nagel hing, um meinen ersten Roman zu schreiben, brauchte ich am Anfang das Gefühl „ins Büro" gehen zu können, um dem Schreiben eine Art Rahmen zu geben. Und das „Extra Dry" bei mir um die Ecke war dann tatsächlich auch ein echter „Büroersatz". Hier kam ich gegen halb zehn jeden Morgen an, packte Laptop und Notizheft aus und schrieb bis oftmals 16 Uhr ohne Pause. Das wohlig-warme Hintergrundgemurmel der anderen Gäste gab mir das Gefühl, nicht vollkommen von der Außenwelt abgeschnitten zu sein und nicht selten kam es vor, dass ich über den ein oder anderen Textschnipsel, den ich vom Nachbartisch aufschnappte, schmunzeln musste. Manchmal vergingen Stunden, ohne dass ich von meinem Bildschirm aufsah und wenn ich es dann tat, saßen auf einmal ganz andere Menschen am Nebentisch, ohne dass ich den Wechsel bemerkt hätte.

Heute lebe ich von meinen Büchern und ein damals verrückter Traum ist Wirklichkeit geworden – daran muss ich immer denken, wenn ich am „Extra Dry" vorbei spaziere und dann muss ich lächeln.

LIEBLINGSORT
DAS „EXTRA DRY" IN BONN-POPPELSDORF

Gesichter-Bonns.de
Beatrice Treydel

KATJA DÖRNER (38)

BUNDESTAGSABGEORDNETE, STEINEBACH/SIEG (RHEINLAND-PFALZ)

Bonn ist für mich das Herz des Rheinlands. Die Stadt hat genau die richtige Größe: Klein genug, um Leute auf der Straße zu kennen und zu grüßen, um alles mit dem Fahrrad zu erledigen und auch schnell mal im Wald sein zu können - groß genug, um sich, was Kinos, Theater, Schwimmbäder etc. angeht, nicht hinter anderen Städten verstecken zu müssen. Bonn ist locker, gerade weil die Stadt und ihre Bewohnerinnen und Bewohner nicht jede Mode mitmachen. Ich bin 1995 zum Studium nach Bonn gekommen und noch immer steckt ein bisschen Wester-wälder Mädel in mir. Aber Rheinländerin bin ich auch durch und durch. Insbesondere im Karneval – aber bei weitem nicht nur da – merke ich, dass die Stadt meine Heimat geworden ist. Ich werde oft gefragt, ob es nicht attraktiver wäre, in Berlin zu wohnen, als Bundestagsabgeordnete läge das doch auf der Hand. Das kommt für mich aber nicht in Frage. Ich finde Berlin grau und kalt. Da bleibe ich lieber bei Brötchen und Frikadelle statt Schrippe und Boulette.

Das „Pawlow" ist wie ein zweites Wohnzimmer, im Sommer sogar ein Wohnzimmer im Freien. Ich habe 15 Jahre um die Ecke gewohnt, mein Bonner Büro ist 100 Meter entfernt. In diesem Café mache ich nachmittags mit einem Milchkaffee die perfekte Pause. Hier treffe ich mich abends mit meinen Freundinnen. Es ist für mich ein Stück Zuhause, an das ich manchmal etwas wehmütig denke, wenn ich für die Sitzungswochen in Berlin bin.

HIER GEHT'S ZUM VIDEO!

LIEBLINGSORT
DAS „PAWLOW" IN DER ALTSTADT

Gesichter-Bonns.de
Beatrice Treydel

NINA MAYSKA (29)

GRUNDSCHULLEHRERIN, OELDE (NRW)

Das Rheinland und seine Menschen haben mich schon immer interessiert, weil ich die offene Lebenseinstellung der Rheinländer und besonders die Karnevalsmusik sehr mag und ich mich damit identifizieren kann. Wahrscheinlich bin ich da durch meine Mutter geprägt worden, die ihre rheinländische und positive Art an mich weitergegeben hat. Deshalb wollte ich das Leben im Rheinland mal ausprobieren und das Referendariat bot sich dafür bestens an, weil es nur zwei Jahre dauert. Diese Zeit wollte ich zum Ausprobieren nutzen. Allerdings brauchte ich dafür keine zwei Jahre, denn schon nach einigen Wochen habe ich gemerkt, wie gut mir Bonn gefällt. Ich konnte mir sehr schnell vorstellen, hier mein Leben zu verbringen. Mittlerweile bin ich das sechste Jahr hier und es ist noch kein Ende in Sicht!

Im „Nyx" habe ich während des Referenda-riats immer die besten Abende mit meinen Mädels verbracht. Wir sind oft am Anfang und Ende der Ferien dort zum Feiern gewesen. Speziell die 90er Jahre-Partys waren immer unglaublich witzig, weil es uns niemals peinlich war, laut zum Song „Barbie Girl" oder „Cotton Eye Joe" abzu-feiern und zu singen. Diese Abende sind mir in Erinnerung geblieben, weil sie einem das Gefühl von Freiheit und Lebensfreude vermittelt haben, wenn man morgens um fünf bei Vogelgezwitscher barfuß mit den Schuhen in der Hand glücklich nach Hause gegangen ist.

LIEBLINGSORT
DAS „NYX" IN DER ALTSTADT

LIEBLINGSORT
SPORT

Zugegebener Maßen ist sportliche Betätigung für mich kein Inhalt meiner Freizeitgestaltung. Als typische Couch-Potato war selbst Sport aus der Perspektive des Zuschauers sehr lange Zeit nicht meins. Dann bekamen Christian und ich Karten für die Telekom Baskets Bonn geschenkt. Während er mir begeistert versuchte die Regeln des Spiels zu erklären, denn dieser Sport begleitet ihn schon seit seiner Jugend, war ich zu Beginn eher fasziniert von der Stimmung in der Halle. Kurze Zeit später war ich angefixt und fiebere nun seit Jahren mit „unseren" Jungs bei jedem Heimspiel mit. Deshalb finde ich es schön, den Telekom Dome als Lieblingsort aus drei verschiedenen Perspektiven zeigen zu können. Für Sebastian ist es eine Mischung aus Arbeitsort und Leidenschaft, die ihn mit seinem Lieblingsort verbindet, wenn er Fotos vom Spiel macht. Bonni als das Maskottchen der Baskets hat die schöne Aufgabe, die Kinder in der Halle zu bespaßen und die Fans beim Anfeuern zu unterstützen. Und Roland unterstützt die Baskets ehrenamtlich mit der Technik. Um die Fotos für die beiden letztgenannten zu machen, schleppten wir an diesem Tag mein Studio in die Katakomben des Telekom Domes. Der

Vorteil eines mobilen Studios ist, dass man es sowohl im Wohnzimmer als auch neben Trainingsgeräten aufbauen kann. Und so musste der Bonner Löwe auch nicht seine heimische Höhle verlassen.

Dank der Gesichter Bonns hatte ich die Möglichkeit, noch viel mehr der sportlichen Seiten Bonns kennen zu lernen. Anka Zinks Lieblingsort ist die Heimat der Bonner Rudergesellschaft, das Haus am Rhein in Beul. Dieser Sport verbindet gleich zwei schöne Dinge miteinander: den Rhein und Teamwork. Die Gemeinschaft, die Menschen zusammen hält, wenn man zusammen auf etwas hin fiebert, ist unabhängig von der Sportart und macht jeder Zeit Spaß. Auch wenn Baseball in Deutschland noch immer als Randsportart gilt, gibt es in Bonn viele treue Fans, die ihre Mannschaft, die Bonn Capitals, in ihrem Stadion in der Rheinaue anfeuern. Mittlerweile sind sie seit 20 Jahren in der Bundesliga. Diesen Lieblingsort durfte ich aus zwei Perspektiven kennenlernen. Zum einen habe ich hier den Präsidenten des Deutschen Baseball und Softball Verbandes, Mirko Heid, portraitiert. Als ehemaliger Nationalspieler hat er hier in Bonn seine

Kariere begonnen und im Verlauf der Jahre vom Spieler über Chef-Coach bis hin zum Sportdirektor alle Stationen in Bonn durchlaufen. Für die andere Sicht auf das Stadion habe ich gleich eine ganze Familie dort fotografiert. Begleitet von ihren jüngeren Geschwistern und den Eltern Stephanie und Mark spielen die beiden großen Leon und Amelie selbst leidenschaftlich gern Baseball. Baseball ist nicht nur Sport, sondern vor allem eines: Anlaufpunkt mehrerer Generationen, die hier auch zusammen grillen und ihre Mannschaft unterstützen.

Auch Fußball verbindet Generationen miteinander. Max Lunga ist aus Simbabwe in den 90er Jahren nach Bonn gekommen, um hier beim Bonner Sport Club Fußball zu spielen und auch sein Sohn Kelvin hat seine Fußballkarriere hier begonnen. Der Sportpark Nord ist so etwas wie ihre sportliche Heimat. Er bietet vielen Menschen für die verschiedensten Sportarten Trainingsfläche, auch Rennrollstuhlsportler Alhassane Baldé trainiert hier. Doch was genau sein Lieblingsort ist, erzählt er in diesem Kapitel selbst.

Beatrice Treydel

Der Sportpark Nord

Das Meßdorfer Feld

Das Haus am Rhein

Das Baseballstadion Rheinaue

Der Technikraum im Telekom Dome

Der Pressetisch im Telekom Dome

Der Telekom Dome

Das Baseballstadion Rheinaue

STEPHANIE TANZBERGER

(36)

OP-SCHWESTER,
BERGISCH GLADBACH (NRW)

Mit 18 Jahren zog ich der Liebe wegen nach Bonn. Mit der Liebe war es rasch vorbei, aber ich blieb, weil mir Bonn wegen der rheinischen Gemütlichkeit sehr gefallen hat. Im Malteser Krankenhaus machte ich die Ausbildung zur Gesundheits- und Krankenpflegerin und wechselte anschließend zur DRK Schwesternschaft und wurde OP-Schwester am UKB. In Bonn lernte ich meinen Mann Mark kennen. Wir haben vier wunderbare Kinder. Leon, Amélie, Marie und Paul. Die beiden Großen stammen aus erster Ehe. Vier waschechte kleine Bonner!

MARK TANZBERGER (45)

ARZT,
BONN

Gebürtig in den USA, kam ich als Klein-kind mit meiner Familie nach Bonn und habe mich rasch wunderbar eingelebt. Die Stadt und die Region haben mir für meinen persönlichen und beruflichen Werdegang alle Optionen geboten, sodass ich nach vielen Jahren nun mit meiner eigenen Familie hier glücklich verwurzelt bin. Ich habe immer die kurzen Wege und die Nähe zur umgebenden Natur in Bonn geschätzt, bei Bedarf nach Großstadtflair liegt Köln direkt vor der Tür.

Auch nach dem Wechsel des Regierungs-sitzes ist die Stadt nicht in einen dörflichen Dornröschenschlaf verfallen, die Univer-sitätsstadt hat für mich ihren Charme beibehalten. Auch die geografische Lage mit der Nähe zu den umliegenden Nach-barländern erhöht die Attraktivität der Stadt für uns immens, aber auch nach kürzeren oder längeren Trips kehren wir immer gerne nach Bonn zurück.

PAUL ①

MARIE ④

AMÉLIE (7)

LEON (12)

Die Baseballanlage ist ein Ort des großen Sports, der Freude, der netten Menschen und des Spaßes. Da Leon und Amélie bei den Capitals Baseball spielen, verbringen wir reichlich Zeit am Platz. Es macht Spaß bei den Spielen mit zu fiebern und leckere Burger zu verputzen. Go Capitals, Go!

LIEBLINGSORT
BASEBALLSTADION RHEINAUE

ALHASSANE BALDÉ (28)

SACHBEARBEITER IM BUNDESMINISTERIUM FÜR ARBEIT UND SOZIALES UND RENNROLLSTUHLSPORTLER, CONAKRY (GUINEA)

Ich wurde in Conakry in Guinea als Zwillingskind geboren und durch einen Ärztefehler bei der Geburt bin ich ab dem achten Brustwirbel querschnittsgelähmt. Sehr früh kam ich dann zu meinem Onkel nach Deutschland, weil hier meine Chancen mit der Behinderung größer waren. Ich bin schließlich in Ahrhaus im Münsterland aufgewachsen.

Bonn wurde nach dem Studium durch Zufall zu meiner neuen Heimat. Wenn mir früher jemand gesagt hätte, ich würde irgendwann einmal in Bonn leben und arbeiten, hätte ich ihm wohl den Vogel gezeigt. Ich habe in Mannheim studiert und wollte meine Bachelor-Arbeit zu einem internationalen Thema schreiben und dafür ist Bonn als UN-Stadt prädestiniert. Danach habe ich gemerkt, dass mir Bonn ans Herz gewachsen ist. Diese Mischung aus Kaff und Großstadt: Man ist super schnell von Ort zu Ort und hat trotzdem diese ländliche Idylle. Für meinen Sport ist das natürlich ideal. Ich bin sofort auf dem Land, keine Menschen um mich herum und wenn ich will, kann ich super feiern gehen.

Bonn ist sehr weltoffen und super locker, freundlich und warmherzig. Das war für mich im Gegensatz zu Mannheim deutlich sichtbar. Man kommt viel schneller in Kontakt, denn die Rheinländer sind offener. Hier als junger Mensch Fuß zu fassen, ist viel einfacher.

Auf der Reha-Care, einer Fachmesse für Rehabilitation und Pflege, habe ich damals mit meinen Eltern an einem Stand einen Mini-Rennrollstuhl gesehen. Das war eigentlich nur ein Ausstellungsstück und ein Gag für die Messe. Als ich den gesehen hatte, wollte ich ihn unbedingt mal ausprobieren und ich durfte. Er passte wie angegossen. Ich bin dann mit dem Ding rumgeflitzt und habe meine Eltern wieder und wieder genötigt, mit mir zur Messe zu fahren. Als die Messe nach vier Tagen zu Ende war, wollte ich das Ding unbedingt haben. Aber da hieß es, dass es nicht verkäuflich wäre. Aber meine Eltern haben es dann hinter meinem Rücken irgendwie geschafft und zu meinem sechsten Geburtstag bekam ich den Rennrollstuhl dann und war überglücklich. Er ist für mich ein Fortbewegungsmittel, mit dem ich super viele Freiheiten habe. Ich mache damit Sport, ich bin damit in der Natur, ich kann damit Wettkämpfe bestreiten. Ich vergesse beim Fahren alles um mich herum - allen Stress und oft die viele Arbeit.

So einen richtigen Lieblingsort in Bonn hab ich also fast gar nicht. Ich mag diese Mischung: Die Möglichkeit durchs Grüne zu fahren, ebenso wie im Sportpark Nord zu trainieren.

LIEBLINGSORT

DER RENNROLLSTUHL

MIRKO HEID ㊳

DIPLOM-KAUFMANN, BONN

Bonn, du Perle am Rhein. Du bist Heimat für mich. Bist immer noch meine Hauptstadt im Herzen. Du bist keine Großstadt, dafür hast du Charme und Schönheit, auf internationalem Parkett machst du nach wie vor eine gute Figur. Deine Landschaft auf Stadtgebiet und der Region zieht nach wie vor so viele Menschen in ihren Bann. Deine Sprache hat Kraft und Melodie. Du hast Stil und Kultur, stehst für Bildung und Nachhaltigkeit.

Bin stolz auf dich. Wenn ich aus der Ferne nach Hause komme, Siebengebirge und Rhein im Blick, da geht mein Herz auf. Da weiß ich: Hier sind meine Familie und ich zu Hause!

HIER GEHT'S ZUM VIDEO!

Bonn ist meine Heimat und das Bonner Baseball-Stadion im Bonner Central-Park ist mein Lieblingsplatz in dieser Stadt. In einer Zeit, in der die Uhren immer schneller ticken, die Hektik im Berufsleben immer mehr zunimmt und die Zeit an einem vorbeirast, gibt mir das Baseballspiel innere Ruhe und Frieden. Das Spiel und das Stadion haben ihren eigenen Rhythmus. Baseball is a game of ease. Hier kann man nicht eben mal schnell, schnell machen. Man muss es genießen, sich einlassen. Das Tempo kann man nicht selber bestimmen, sondern es wird vom Rhythmus des Spiels bestimmt.

Das viele Grün des Bonner Baseball-Stadions bietet mit seiner Kulisse den perfekten Rahmen für dieses Schauspiel. Wenn sich das Stadion zu den Capitals-Heimspielen füllt, nimmt es eine eigene Dynamik an, die man erleben muss.

Nach über 20 Jahren als Bundesliga-Spieler und -Trainer genieße ich jetzt die Zeit mit meiner Familie als Zuschauer hinter dem Zaun. Es ist unser sportliches Wohnzimmer, denn hier treffen wir Freunde und Bekannte und unsere Kinder toben und spielen. Ich kenne keinen Ort, der mehr Freude, Freundschaft und Leidenschaft verkörpert.

LIEBLINGSORT
BASEBALL STADION IN DER RHEINAUE

ROLAND WEIGELT (45)

SOFTWARE-ENTWICKLER/UX-SPEZIALIST, BONN

In Bonn geboren, hier aufgewachsen, hier studiert – danach war es eigentlich „an der Zeit mal rauszukommen". Dass ich in Bonn blieb, war eher auf eine Verkettung von glücklichen Zufällen als auf eine bewusste Entscheidung zurückzuführen. Erst im Laufe der Jahre, als sich mehr und mehr Vergleichsmöglichkeiten mit anderen Städten und ihren Vor- und Nachteilen ergaben, wuchs nach und nach meine Verbundenheit mit dieser Stadt.

Wenn ich bei schönem Wetter auf Inline-Skates von Dottendorf aus problemlos zum Rhein gelange und von der Nordbrücke in Richtung Siebengebirge schaue, dann stellt sich bei mir regelmäßig das Gefühl ein: „Ja, hier möchte ich bleiben".

Ich unterstütze die Telekom Baskets Bonn mit meinem Know-how im Bereich Software-Entwicklung und visueller Gestaltung. Sprich: Jedes Pixel auf den Videoleinwänden und LED-Werbebanden geht in irgendeiner Form durch meine Hände und/oder Software. Der Telekom Dome ist aus zwei Gründen mein Lieblingsplatz in Bonn. Da ist zum einen die besondere Geschichte dieser Halle und der Menschen dahinter. Darüber hinaus ist es auch der Ort in Bonn, der für mich am stärksten mit Emotionen unterschiedlichster Art besetzt ist. Jedes Heimspiel ist eine Achterbahn der Gefühle. Interessanterweise ist für mich persönlich der eigentliche Stress meistens bereits nach dem Hochball vorbei. Die einstündige „Baskets PreGame Show" sorgt mit ihrer straffen Abfolge von Programmpunkten, die alle visuell begleitet werden wollen, hinter den Kulissen für mehr Action als das Spiel selbst. Stressig, aber gleichzeitig auch ungemein befriedigend. Ganz anders zeigt sich der Telekom Dome in der Zeit weit vor der Hallenöffnung, wenn es noch ruhig ist. Der erste Blick vom Technikbalkon auf das Spielfeld und die leeren Ränge ist immer wieder faszinierend und man kann sich nur schwer vorstellen, dass hier wenige Stunden später die Hölle los sein wird.

LIEBLINGSORT
TECHNIKRAUM IM TELEKOM DOME

SEBASTIAN DERIX (38)

JOURNALIST,
BRACHELEN (NRW)

Es muss inzwischen über 30 Jahre her sein, dass ich Bonn das erste Mal besuchte. Die Cousine meines Vaters wohnte damals hier mit ihrer Familie in der Bonner Südstadt. Und auch wenn mich die Gründerzeithäuser damals nicht im Geringsten interessierten, gefiel es mir in Bonn doch auf Anhieb. Als dann ein Studienort her musste, kam die Bundesstadt wie gerufen – nicht zu weit weg vom Elternhaus, aber auch nicht zu nah dran. Eine Stadt, die weder zu groß, noch zu klein ist. Und dann noch studieren in einem Schloss – könnte es etwas Besseres geben? Seit Ende der 90er Jahre lebe ich jetzt also in Bonn, seit mehr als zehn Jahren nenne ich die Stadt auch (immer häufiger) mein Zuhause. Durch meinen Job als Lokaljournalist lerne ich die Stadt jeden Tag noch besser kennen, ihre Menschen, ihre Unternehmen, ihre schönen Geschichten und auch ihre Abgründe. Mein Bonn wird nicht langweilig. Und selbst wenn es ein paar Ecken gibt, auf die ich auch locker verzichten könnte, so überwiegt doch einfach das Schöne dieser Stadt. Wenn es sich irgendwie einrichten lässt, dann gehe ich nicht mehr weg aus dieser Stadt – aus meiner Stadt.

Eigentlich bin ich fast jede Woche mindestens einmal hier. Neben dem Fußball schlägt mein Herz auch für den Basketball – und seit mehr als zehn Jahren auch für die Telekom Baskets. Die erste Eintrittskarte bekam ich geschenkt, damals spielten die Baskets noch in der Hardtberghalle ein paar Meter weiter. Neben dem oft atemberaubenden Sport in der Halle kann sich auch der Ausblick über große Teile der Stadt von vor der Halle sehen lassen. Wenn man Bonn nach einem Baskets-Sieg von hier oben im letzten Sonnenlicht des Tages leuchten sieht, gibt es kaum etwas Schöneres.

LIEBLINGSORT
PRESSETISCH IM TELEKOM DOME

BONNI DER LÖWE (14)

MASKOTTCHEN DER TELEKOM BASKETS BONN, BONN

2000 bin ich als kleiner Löwe in der Hardtberghalle auf die Welt gekommen und schon damals habe ich die Telekom Baskets Bonn leidenschaftlich angefeuert. Den Löwenanteil meines Lebens wohne ich aber im Telekom Dome, seitdem ich 2008 mit der Mannschaft hierhin umgezogen bin. Bonn und besonders der Hardtberg ist einfach mein Revier. Hier habe ich mit den Fans und der Mannschaft viel gejubelt und gelitten. Gerne erinnere ich mich an fünf Vizemeisterschaften und hoffe, dass es bald mal klappt mit dem Titel für die Mannschaft, die Fans und die Stadt. Dafür werde ich jedenfalls weiter kämpfen wie ein Löwe!

Die Fans in Bonn waren schon immer toll: Laut und leidenschaftlich, dabei aber fair und gastfreundlich. Das war bereits in der „kleinen" Hardtberghalle so und es hat sich auch im „großen" Telekom Dome nicht geändert. Der Dome ist mehr als nur mein Arbeitsplatz. Er ist mein Gehege und Fitnessstudio. Hier feuere ich die Mannschaft an, tanze mit dem Baskets Dance Team und habe auch immer Zeit für ein Foto oder eine Umarmung mit den Kindern am Spielfeldrand. Und wenn 6.000 Fans vorm Einlauf der Mannschaft zusammen singen, dann muss ich zugeben: Auch Löwen können Gänsehaut bekommen.

LIEBLINGSORT
TELEKOM DOME

ANKA ZINK (58)

KABARETTISTIN, BONN

In Bonn bin ich geboren und aufgewachsen auf der Schäl Sick. Nach einigen Jahren in der näheren und weiteren Ferne bin ich aus privaten Gründen wieder in die Stadt gezogen. Ich wohne nun in der Nähe der Kirche, in der meine Eltern geheiratet haben und ich getauft wurde. Das habe ich erst vor kurzem erfahren. Zufall oder Unterbewusstsein, wer will das beurteilen. Ich weiß jedoch gewiss, was mir an Bonn immer gefallen hat: Die Aussicht, die eigenständigen Stadtzentren, die guten Anbindungen, das praktische städtische Leben und die... nun das wird manche überraschen ... die Modernität im öffentlichen Raum. Vom „Bonner Sommer" über „Museumsmeilenfest" zum „Kunst! Rasen" gab und gibt es immer wieder tolle Aktivitäten. Durch solche Ereignisse entsteht das „persönliche Erlebnis", festgehalten auf dem Memory-Stick der Gemüts-Festplatte. Denn dies begründet den Ruf einer Stadt: Wo man hingegangen ist, was man gehört hat, wen man geküsst hat. Da war Bonn mal ziemlich weit vorne und ich wünsche den folgenden Generationen, dass es so bleibt.

Das Haus am Rhein ist das Bootshaus der Bonner Rudergesellschaft. Dies ist einer der größeren Sportvereine in Bonn, es gibt ein tolles Karnevalsfest, den blauen Affen. Vor allem aber wird gerudert, ein interessanter Sport bei dem man sich mit dem Rücken zum Ziel bewegt. Da geht es um Vertrauen – beispielsweise zum Steuermann – und um Anpassung ans Team. Rudern gelingt, wenn alle ziemlich genau das gleiche machen. Dann ist es ein sensationelles körperliches Erlebnis. Man kann sagen: Rudern fordert Kraft, Ausdauer und Charakter. Egal wie gut man ist: Nach dem Anlegen kommt die Erschöpfung. Man möchte trinken, duschen und auf den Rhein blicken, den Strom, der Gegner und Freund ist.

LIEBLINGSORT

HAUS AM RHEIN

MAX LUNGA (51)

EHEMALIGER SIMBABWISCHER FUSSBALLNATIONAL- UND BSC-SPIELER, BULAWAYO (SIMBABWE)

Bonn ist eine schöne, saubere Stadt. Außerdem ist Bonn eine Multikultur-Stadt. Als wir hierhergekommen sind, war Bonn wegen der Botschaften die einzige Stadt mit Menschen aus vielen verschiedenen Ländern und Kulturen. Von Anfang an habe ich mich hier wie zu Hause gefühlt. Das ist auch heute noch das Schöne an Bonn.

KELVIN LUNGA (21)

FUSSBALLER (1. FC KÖLN II),
BONN (NRW)

In Bonn bin ich groß geworden. Bonn ist die erste Stadt, in der ich jemals gelebt habe. Außerdem ist Bonn als Ex-Hauptstadt eine große Stadt. Hier bin ich aufgewachsen, hier kenne ich jeden, meine ganzen Freunde leben hier – Bonn ist für mich zu Hause.

MAX LUNGA

Der Sportpark Nord war lange mein fuß-
ballerisches Wohnzimmer. Der Bonner SC
war der Verein, für den ich am längsten in
meiner Karriere Fußball gespielt habe. Der
Ort ist mit vielen schönen Erinnerungen verbunden. Bei Heimspielen gegen Mannschaf-
ten wie Fortuna Düsseldorf oder Rot-Weiß
Essen waren hier immer richtig viele Zuschauer. Da war richtig Stimmung im Stadion
und das hat riesig Spaß gemacht. Deshalb
ist der Sportpark Nord auch heute noch wie
ein zu Hause für mich.

KELVIN LUNGA

Der Sportpark Nord ist das erste Stadion in
dem ich jemals war. Damals mit meinem Vater,
der hier gespielt hat. Und hier beim BSC habe
ich auch selber bisher am längsten gespielt.
Insgesamt zehn Jahre lang, davon neun in der
Jugend. Ich kann nur Gutes über den BSC
sagen. Es hat mir viel Spaß gemacht, hier so
viele Jahre zu spielen.

LIEBLINGSORT
SPORTPARK NORD

LIEBLINGSORT
DER RHEIN

Mir war, bevor ich in Bonn wohnte, nie bewusst, wie unglaublich entspannend es sein kann, auf einen Fluss zu schauen und zu beobachten, wie die Wellen langsam einen Ast davon tragen oder wie sich das Licht auf ihnen bricht. Erst hier am Rhein fiel mir auf, wie meditativ es ist, einfach mal auf Wasser zu schauen. Das ist mir alles im Grunde erst durch unsere Ausflüge an die Lieblingsorte bewusst geworden. Für viele Bonner ist der Rhein eine Lebensader. Ein Punkt, der die Menschen anzieht, der sie entspannt und beruhigt. Kein Wunder, dass er auch für viele der Lieblingsort in Bonn ist. Das Stückchen Rhein, dass durch Bonn fließt, ist erstaunliche 16 Kilometer lang, da ist an den beiden Ufern genug Platz für ganz viele persönliche kleine Plätze.

Der Rhein ist zu jeder Jahreszeit schön. So auch am Weiberfastnachtsmorgen, an dem wir uns mit Peter Kloeppel hier trafen. Die Luft war kalt, der Wind pfiff und die Sonne tauchte den Rhein in ein magisches goldenes Licht, so als wollte die Natur untermalen, wie sich Peter Kloeppel mit diesem Fluss verbunden fühlt. In der Nähe der Anlegestelle von „Moby Dick" in Bad Godesberg befindet sich eine typische Jogging-Strecke, wie sie vie-le Bonner genießen: Die Rhein-Runde von Brücke zu Brücke. Das eine Ende dieser Runde – die Südbrücke – ist Sarahs Lieblingsort. Die Kennedybrücke am anderen Ende ist Ruis Lieblingsort in Bonn. Der Ausblick von den Brücken auf den Rhein bei Sonnenauf- oder -untergang ist für beide etwas Besonderes. Für viele andere Bonner ist die Kennedybrücke eher ein wichtiger Verbindungspunkt zwischen dem Bertha-von-Suttner- und dem Konrad-Adenauer-Platz. Eine Verbindung zwischen Bonn und Beuel, wie sie seit 1898 besteht. An dieser ersten Bonner Rheinbrücke hatten sich die Beueler nicht beteiligt, weshalb noch heute das Bröckemännche seinen Po in Richtung Beuel reckt und an der Bonner Rheinpromenade zum Gruß zurück das Brückenweibchen mit einem Pantoffel wütend droht. Ganz in ihrer Nähe sind gleich zwei Lieblingsorte. Dank Jannis ist uns das Brückenweibchen überhaupt zum ersten Mal aufgefallen. Fast direkt vor ihr ist ein Stückchen Kiesbett, dessen Steine zwar zu groß sind, um sie auf dem Rhein springen zu lassen, die sich aber gut eignen, um sich hier niederzulassen und die Angel auszuwerfen. Weg von der gar nicht so schälen Sick auf die andere Seite gibt es natürlich weitere „rheinische" Lieblings-orte. So wie der von Milena an der Promenade vom Rathenauufer. Zu Beginn ihres Studiums wurde die Sonnenuhr hier immer wieder zu ihrem Ausflugsziel. Während sie mir diesen Ort zeigte und für mich durch die Sonne tanzte, hatten wir viel Spaß. Der nächste Lieblingsort beginnt mit einer wunderschönen Liebesgeschichte. Elena und Denè sind sich auf einer Reise in Chile begegnet und haben dann in Bonn geheiratet. Ihre Hochzeit durfte ich fotografisch begleiten. Die Gruppenfotos entstanden damals nicht weit entfernt von dem Ort ihrer Hochzeitsfeier am Kunstwerk L'Allumé, das seit 1992 im Außenbereich des Bundeshauses steht. Mitten auf dem Rhein liegt der Lieblingsort von Oberbürgermeister Jürgen Nimptsch: Die Rheinnixe. Sogar der spätere Papst Joseph Ratzinger ist in seiner Bonner Zeit hiermit über den Rhein geschippert. Für Jürgen Nimptsch ist der Rhein pure Entspannung. An diesem Januartag stürmte es kräftig und ich hatte ein wenig Angst, dass unser Treffen ins Wasser fallen würde. Der Wind legte sich zwar nicht, aber die Wolkendecke riss pünktlich zu unserer Überfahrt auf.

Beatrice Treydel

Der "Beueler Beach"

Die Beueler Rheinwiese

Rheinpromenade Bonn - Beuel

Die Kennedybrücke

Der Rhein

Die Südbrücke

Die Rheinnixe

Der Bonner Bogen

Die Sonnenuhr am Rhein

L'Allumé

Der Rhein an der Bastei

MILENA FURMAN (26)

JOURNALISTIN,
BERGISCH GLADBACH-BENSBERG (NRW)

Nach Bonn bin ich 2007 zum Studieren gekommen. Dass ich hier auch nach dem Studium noch bleiben würde, konnte ich zu dem Zeitpunkt noch nicht ahnen. Schnell aber wurde aus der Zwischenetappe Bonn eine zweite Heimat. Besonders toll finde ich an Bonn, dass es eine Mischung aus Großstadt und Dorf ist. Nicht zu groß, aber nicht zu klein. Schon in meiner Studentenzeit habe ich diese Mischung sehr geschätzt. Party machen und dann zu Fuß nach Hause gehen zu können.

Heute gefällt wir am meisten die Tatsache, dass man, ohne Bonn verlassen zu müssen, Natur erleben kann. Wenn ich zum Beispiel mit meiner Hündin Pina über das Meßdorfer Feld spazieren gehe. Es ist halt einfach die perfekte Mischung!

Als ich für das Theologiestudium nach Bonn gegangen bin, bin ich gleich in das Studentenwohnheim „Newmanhaus" gezogen. Fünf Minuten von der Uni entfernt, großer Garten und das Beste: Ich hatte ein Zimmer mit Rheinblick – genauer gesagt auf die Sonnenuhr am Rhein. Von der Dachterrasse meines Zimmers aus hatte ich eine Aussicht, von der man selbst als Bonner oft nur träumen kann. Sonnenaufgang am Rhein, Grillen am Rhein, Silvester am Rhein. Der Rhein war einfach immer dabei. Die Spaziergänge am Rheinufer gehörten da natürlich immer dazu. Vor allem in stressigen Prüfungssituationen konnte ich hier zur Ruhe kommen und neue Energie schöpfen.

Aus dem Wohnheim bin ich zwar schon raus und auch die Prüfungssituationen haben mittlerweile eine Ende gefunden, aber der Rhein bleibt auch heute noch für mich ein Ort, an dem ich meine Seele baumeln lassen kann.

LIEBLINGSORT
SONNENUHR AM RHEIN

ELENA COLOMA ANDREWS ㉙

KULTURANTHROPOLOGIN, DUISBURG (NRW)

In Bonn habe ich mit meinem Studium der Kulturanthropologie angefangen. Die Stadt gefiel mir auf Anhieb. Nachdem ich einige Male während meines Studiums aus Bonn weggezogen bin, bin ich bei meinem letzten Umzug außerhalb Bonns in Chile bei meinem Vater und der ganzen Familie väterlicherseits gelandet. Dort wollte ich dann vorerst auch bleiben. Doch dann habe ich Déne kennengelernt, mit dem ich schließlich in Bonn zusammengezogen bin. Nach Beendigung des Studiums hat uns nichts mehr aus Bonn weggezogen, ganz im Gegenteil: Wir haben in Bonn im Alten Rathaus geheiratet und ich habe in Bonn einen Sohn namens Pablo Henk zur Welt gebracht. Bonn ist für Déne aufgrund des Siebengebirges ganz besonders und für mich aufgrund der Rheinpromenaden ebenfalls. Die Stadt ist nicht zu groß und nicht zu klein für uns. Es gibt viele kulturelle Angebote und eine bunte Mischung an Menschen. Die Vernetzungsmöglichkeiten mit dem Ruhrgebiet, Köln und Dénes Heimat, den Niederlanden, sind auch ein großes Kriterium für Bonn.

Bevor wir geheiratet haben, habe ich mir dieses Kunstwerk als Jogging-Fixpunkt ausgesucht, da man es schon bei gutem Wetter kilometerweit sehen kann. Ich bin von Bonn-Castell aus regelmäßig zu diesem Kunstwerk und wieder zurück gejoggt und habe mich jedes Mal über das Kunstwerk und das leuchtende Rot freuen können. Es war sozusagen doppelte Freude: Die Halbzeit war erreicht und das Kunstwerk konnte betrachtet werden. Inzwischen ist L'Allumé auch eine schöne Erinnerung an unsere Hochzeit, da hier unsere Hochzeitsfotos mit allen Gästen geschossen wurden.

LIEBLINGSORT
DAS ROTE KUNSTWERK „L'ALLUMÉ"

DÉNE CÉRSE VAN RIJN ③¹

TIEFBAUINGENIEUR,
HARLINGEN (NIEDERLANDE)

PABLO HENK
COLOMA ANDREWS

9 MONATE, BONN

ERICK PRILLWITZ (42)

MITARBEITER BEI DER UNO, BUENOS AIRES (ARGENTINIEN)

Ich komme aus Buenos Aires, der Stadt am breitesten Fluss der Welt. So breit, dass man das andere Ufer nicht sehen kann. Im chinesischer Horoskop bin ich eine Wasser-ratte und Schiffe liegen meiner Familie irgendwie im Blut. Zufall? Wer weiß, aber für mich ist eine Stadt ohne Wasser keine richtige Stadt. Es fehlt etwas. An Bonn mag ich, dass man immer am Rhein ist. Seine Präsenz ist sehr stark. Ich kann mir nicht vorstellen, irgendwo anders in Deutschland zu wohnen. Bonn ist mein deutsches Zu-hause. Nicht zu groß, nicht zu klein, aber mit allem, um gemütlich zu leben, ohne den Stress einer großen Metropole.

Meine Lieblingsort in Bonn? Schwierig zu sagen. Ich mag so viele Orte: Die Südstadt, die Altstadt, Poppelsdorf, aber am liebsten gucke ich auf den Rhein. Vielleicht fährt in diesem Moment wieder ein Schiff oder ein Kanu vorbei? Immer diese Bewegung. Das mag ich gerne! Jeden Morgen, wenn ich zu meiner Arbeit bei der UNO komme, ist der Rhein weniger als 100 Meter entfernt. Er gibt mir Kraft. Wenn ich einen Raum mit Blick auf den Rhein betrete, dann schaue ich hinaus. Oder wenn ich am Wochenende oder von einer langen Reise zurück nach Hause von der linksrheinische Seite über die Südbrücke fahre, freue ich mich, diesen spektakulären Blick zu haben. Das Sieben-gebirge nach Süden und die Bonner Sky-line mit dem Venusberg vor mir! Der Rhein begrüßt mich.

LIEBLINGSORT
DER RHEIN AM BONNER BOGEN

FRANZISKA PFEIFER (32)

BEAMTIN IM VERBRAUCHERSCHUTZMINISTERIUM, BAD BELZIG (BRANDENBURG)

Nach Bonn führte mich (mit) das schönste, was einen irgendwo hin führen kann. Es war die LIEBE! Oder wenigstens das, was ich mit zarten 20 Jahren dafür hielt. Mit meinem Partner zusammen leben zu können war mir wichtig. Egal wo. Aus verschiedenen Gründen war es sinnvoller und einfacher für mich, ins Rheinland zu gehen, als für ihn nach Brandenburg zu kommen. Bonn wurde es dann auch nur, weil er hier arbeitete und ich durch unglaubliche Verkettungen von Zufällen und Unwahrscheinlichkeiten eine Stelle in Bonn bekam. Wie das Leben so spielt, hatte es sich nach drei Jahren ausgeliebt und ich habe entschieden, nach Berlin zu gehen. Das wäre sehr einfach zu realisieren gewesen, da die Ministerien an beiden Standorten sind. Ich hatte sogar meine Wohnung schon gekündigt, als auf einmal etwas sehr seltsames passierte: Mein Herz zog sich bei der Vorstellung, Bonn zu verlassen, zusammen, es schnürte mir fast die Kehle zu. Es protestierte so stark, dass ich regelrecht

körperliche Beschwerden bekam. Es war wie die Sehnsucht, die der Liebende empfindet, wenn er weiß, dass er bald für längere Zeit seine Liebste zurück lassen muss, ohne zu wissen, wann man sich wieder sieht. Dieses Gefühl wurde immer heftiger, so dass ich meine Pläne über den Haufen geworfen und beschlossen habe, auf mein Herz zu hören und hier zu bleiben. Was war passiert? Ganz einfach: Ich war verliebt! In diese Stadt! In Bonn! Die Entscheidung habe ich keinen Tag lang bereut. Ganz im Gegenteil! Ich fühle mich hier einfach pudelwohl und bin angekommen. Ich habe in Bonn die Heimat für mein Herz gefunden und habe hier meine neuen Wurzeln geschlagen! Ich bin stolz auf meine ursprünglichen Brandenburger Wurzeln, die ich schon wegen meines Dialektes nicht verbergen kann, aber wenn mich jemand fragt, wo ich zu Hause bin, dann sage ich immer wie aus der Pistole geschossen: „Ick komm' aus Bonn!"

Mein Lieblingsort in Bonn ist die Wiese nahe des „Bahnhöfchens" in Beuel. Ich verbringe dort gerne meine Sommerabende mit Musik und Büchern oder mit Freunden. Besonders wenn die Sonne auf der anderen Seite untergeht und alles in magisches Licht taucht und dabei auf dem Wasser glitzert, spüre ich, wie sehr ich es liebe, hier zu wohnen und wie wohl ich mich fühle. Es fühlt sich dann immer ein bisschen wie ein paar Stunden Urlaub an. Und dass auf dieser Wiese meist viele Leute aus aller Welt zusammenkommen, um zu spielen, zu grillen und manchmal zu singen, unterstützt dieses Gefühl noch zusätzlich.

LIEBLINGSORT

WIESE AM RHEIN IN BEUEL

JANNIS LESSENICH (18)

SCHÜLER,
BONN

In Bonn bin ich geboren und meine Eltern leben seit ihrem Studium in Bonn. An Bonn gefällt mir die Überschaubarkeit und die lockere Atmosphäre. Ich lebe in der Nordstadt, direkt an der Grenze zur Altstadt und finde dort das Multikulturelle besonders toll (z.B. den marokkanischen Fischhändler um die Ecke oder den arabischer Frisör am Frankenbad). Ich finde auch gut, dass man alles schnell erreichen kann. So habe ich nur einen kurzen Weg zu Geschäften, Kneipen, der Innenstadt oder den schönen Plätzen am Rhein.

Ob ich nach meinem Abitur zum Studieren wegziehen werde, weiß ich noch nicht. Sicher ist jedoch für mich, dass ich Bonn vermissen würde, da es meine Heimatstadt ist, mit der ich schon jetzt viele schöne Erinnerungen verbinde.

Mein Lieblingsort liegt am Rhein. Am Rhein habe ich mit meinem Vater auf den Kribbenköpfen das Angeln gelernt und ich liebe nun mal einfach das Wasser. Meine Lieblingsstelle ist die Kiesbank auf der Beueler Seite, etwas oberhalb von der kleinen Personenfähre. Mit diesem Platz verbinde ich meine Kindheitserinnerungen, da ich dort immer mit unserer achtzigjährigen Nachbarin war und die Möwen gefüttert habe. Wir haben immer den Schiffen gewunken und sie haben für uns gehupt oder gebimmelt. Jetzt bin ich oft auch alleine an diesem Platz, weil ich dort sehr gut abschalten und mich entspannen kann. Vor allem nachts oder spät abends, wenn die Sonne untergeht und sich die nächtlichen Lichter im Rhein spiegeln, sitze ich gerne im Kies am Wasser und denke nach.

LIEBLINGSORT
KIESBANK AUF DER BEUELER RHEINSEITE

JÜRGEN NIMPTSCH (60)

OBERBÜRGERMEISTER VON BONN, WESSELING (NRW)

Ich bin 1972 mit Beginn des Studiums nach Bonn gekommen, der sehr guten Universität und der schönen Atmosphäre wegen. Den Wandel von der manchmal verträumten Bundeshauptstadt zur heute pulsierenden und internationalen Flair ausstrahlenden deutschen Stadt der Vereinten Nationen habe ich miterlebt und mitgestaltet. „Bonn is romantic, friendly and safe" – sagen die Mitarbeiter der Vereinten Nationen und begründen damit, warum sie sich hier außerordentlich wohlfühlen. Das geht mir auch so. Oberbürgermeister einer Stadt sein zu dürfen, deren Bürgerinnen und Bürger sich selbst stark einbringen, die füreinander da sind, die sich hier wohlfühlen und die überdies auch noch so leistungsstark sind, dass sie das höchste Bruttoinlandsprodukt pro Kopf in Nordrhein-Westfalen produzieren – das ist schon eine große Ehre. Ich will dazu beitragen, dass Bonn stark bleibt.

HIER GEHT'S ZUM VIDEO!

Der große Fluss, den wir liebevoll „Vater Rhein" nennen, hat für mich eine besondere Bedeutung. Ich lebe direkt an seinem Ufer und es ist schon so, dass von ihm eine große Ruhe und Kraft ausgeht. Manchmal, wenn ich nachts nicht schlafen kann, stehe ich auf dem Balkon und schaue ihm zu. Er nimmt dann meine Unruhe mit.

Am Tag, insbesondere bei Sonnenschein, gibt es keinen schöneren fünf-Minuten-Urlaub als mit der „Rheinnixe" ans andere Ufer zu fahren. Entspannung pur. Was für ein toller Ort – mein Lieblingsplatz in Bonn.

LIEBLINGSORT
AUF DEM FLUSS: DIE „RHEINNIXE"

Gesichter-Bonns.de
Beatrice Treydel

PETER KLOEPPEL (55)

TV-JOURNALIST,
BAD HOMBURG (HESSEN)

Bonn und der Rhein sind Fixpunkte meines Lebens: Als Fünfjähriger faszinierten mich auf der Durchreise mit dem Zug die Fassaden der Südstadt, 1985 bekam ich hier meinen ersten Job als Redakteur, fühlte den Puls der Protagonisten der Bonner Republik, blickte von der hektischen Pressetribüne des Wasserwerks auf den ruhigen Fluss, bevor es mich in die weite Welt hinauszog. Seit 2001 lebe ich nun wieder hier. Nach dem Trubel des Tages ist die Heimkehr am Abend nach Bonn auch immer ein Akt der Entschleunigung.

So soll eine Stadt sein: Ein Ort, an dem man zu sich selber findet, auch wenn man sich darin verliert.

Bonn ohne den Rhein? Undenkbar. Jeden Morgen kreuze ich ihn auf dem Weg zur Arbeit, immer überrascht er mich mit neuen Farben. Er kleidet sich in Gewänder aus Nebel, lässt Sonnenstrahlen auf seinen Wellen brechen und hüllt Schiffe mit Gischt ein. Fast jedes Wochenende kann ich seinen schillernden Auftritt aus nächster Nähe genießen, wenn ich in Joggingschuhen an seinem Bett entlang trabe – mal von der Bastei bis zur Nordbrücke, dann in der anderen Richtung bis zur Fähre Nonnenwerth. Schönere Landschaften gibt es nur wenige in Deutschland.

LIEBLINGSORT

DER RHEIN AN DER BASTEI, BAD GODESBERG

RUI YANG (26)

STUDENTIN,
PEKING (CHINA)

Ich bin in Bonn aufgrund meines Studiums an der Universität Bonn gelandet. Ich bin in Peking geboren und aufgewachsen. Peking ist eine megagroße Stadt und ich war sehr daran gewöhnt. Ganz ehrlich: Am Anfang mochte ich Bonn nicht, weil es super klein ist. Im Laufe der Zeit fand ich Bonn dann sehr schön. Im Vergleich zu Peking ist Bonn für mich ein kleines süßes Dorf. Ich bin davon fasziniert, dass man überall in der Innenstadt zu Fuß hingehen kann. Seit fast drei Jahren wohne ich schon in Bonn. Jetzt habe ich zwei coole Studenten-Jobs und gute Freunde aus aller Welt. Wir reden nur auf Deutsch. Ich habe auch viele Worte gelernt, die man nicht in Büchern finden kann. Manchmal werde ich auf der Straße (von Deutschen!) gefragt „Wo liegt...?", „Wie kann ich zur...kommen?" Ich habe immer die richtigen Antworten. Ich fühle mich jetzt wie eine richtige Bonnerin. Bald werde ich auch mit meinem Studium fertig sein. Ich bin sehr glücklich und froh, dass ich in Bonn wohne. Ich würde sagen, dass Bonn meine zweite Heimat ist!

Meiner Meinung nach ist die Kennedybrücke sehr wichtig für Bonn, weil es eine Verbindung für die Bonner Innenstadt und Bonn-Beuel ist. Man kann sehr schnell die andere Seit vom Rhein erreichen. Früher habe ich in der Nähe von Siegburg gewohnt und bin jeden Tag aufgrund der Uni mit der Linie 66 über die Kennedybrücke gefahren.

Ich persönlich finde die Kennedybrücke in Bonn schöner als die Hohenzollernbrücke in Köln. Man kann auf der Kennedybrücke den schönen Ausblick genießen. Jedes Mal, wenn ich Besuche bekomme, zeige ich die Kennedybrücke. Die Sonnenaufgänge und Sonnenuntergänge sind einfach unglaublich.

LIEBLINGSORT
KENNEDYBRÜCKE

SARAH WELLER ⓐ

MEDIENGESTALTERIN UND FITNESSTRAINERIN, NEUENRADE-ALTENAFFELN (SAUERLAND)

Geborene Sauerländerin, „Ausbildungs-Zwischenstopp" im Osten, von da zurück in den Westen mit dem Wunsch in Köln zu landen... Naja, hat nicht ganz geklappt, aber heute finde ich das auch genau richtig! Ich liebe Bonn mit seinen vielen Gesichtern – ich habe mich noch nie so schnell woanders zu Hause gefühlt. Für meinen Geschmack ist es genau die richtige Mischung zwischen Stadt und „Grün". Abgesehen von meinen Mädels, die ich in meiner Bonner Zeit kennen und lieben gelernt habe, gibt es tolle Orte und Dinge in und um Bonn, die mich auch nach sieben Jahren immer wieder faszinieren. Angefangen von der Rheinpromenade, der bunten Innenstadt mit den vielen Cafés, wo man großartig frühstücken kann, Veranstaltungen wie der Rheinkultur oder dem Flohmarkt und nicht zu vergessen dem Haribo-Shop – all das und noch viel mehr ist mein Bonn.

Vor vier Jahren bin ich der Liebe wegen nach Bad Honnef gezogen – aber das ist ja zum Glück nur 15 Kilometer von der „alten" Heimat entfernt.

Ich weiß, es ist nur eine Brücke, aber der Ausblick in beide Richtungen ist einfach zu toll. Zum einen die Bonner Skyline und auf der anderen Seite das Siebengebirge. Ich mag es einfach. Zuhause ist eben da, wo man sich wohlfühlt!

LIEBLINGSORT
SÜDBRÜCKE

SUSANNE DEISSLER (28)

BIBLIOTHEKARIN,
NIEDERKASSEL-MONDORF (NRW)

Ich komme aus einem kleinen Nachbarort von Bonn. Ich wollte immer in eine Großstadt. Und Bonn ist zudem einfach nicht zu groß. Man kann sich in gemütliche Ecken zurückziehen und hat dennoch nicht das Gefühl, dass man irgendwie anonym ist. Es ist ein Mittelpunkt, aber nicht so groß. Bonn liegt wunderschön an Rhein und Siebengebirge. Ich gehe gern wandern und fahre gern Fahrrad. Bonn ist einfach eine gemütliche Stadt, die mir alles bietet.

Mein Fahrrad ist mein Schatz. Ich wollte immer ein altes Fahrrad haben und durch Zufall hat mein Vater bei seinem Nachbarn in der Garage ein altes Fahrrad entdeckt und ihm erzählt, dass ich so eines gern hätte. Kein Problem, er hätte es mal aus dem Rhein gefischt. Mein Vater hat es komplett für mich aufgearbeitet und eine Gangschaltung angebracht. Es ist ein original „Gold-Rad". Das Fahrrad ist bestimmt 50 Jahre alt und sehr schwer. Mit diesem Rad fahre ich oft an der Beueler Rheinseite und auf Höhe der Brücke liege ich gern in der Sonne und lese. Nachmittags steht die Sonne auf der Bonner Seite und scheint herüber. Das ist total entspannend.

LIEBLINGSORT
BEULER-RHEINUFER VOR DER KENNEDY-BRÜCKE

Gesichter-Bonns.de
Beatrice Treydel

VOLKER GROSS (39)

RADIOMODERATOR,
WÜRZBURG (BAYERN)

Zum Glück ist es Bonn geworden! Als mein Papa 1982 nach Bonn versetzt worden ist, war ich gerade mal sechs Jahre alt und kam mit leicht bayerischem Akzent in die erste Klasse. Schnell habe ich gemerkt, die sprechen da ja auch kein Hochdeutsch, machen es einem aber unglaublich leicht, sich hier wohl zu fühlen. Nach dem Abi standen drei Unis zur Auswahl: Leipzig, Dortmund und Bonn. Die Wahl fiel mir nicht schwer! Bonn ist einfach sympathisch, heimelig und bietet dennoch alles was man zum guten Leben braucht. Längst ist Bonn zu meiner Heimatstadt geworden. Alle wichtigen Ereignisse in meinem Leben haben hier stattgefunden: Schule, Uni, Beruf, meine Frau kommt aus Bonn und auch die Kids sind im Marienhospital geboren. Seit über 15 Jahren bin ich nun der „Morgenwecker" für's Radio Bonn/Rhein-Sieg Land – das schönste Land der Welt. Stimmt doch, oder?

Strand ist immer gut! Steht für Entspannung, Spaß und Seele baumeln lassen. Das alles habe ich zu unterschiedlichen Zeiten immer wieder in Beuel gemacht. Nach der Uni haben wir uns dort regelmäßig zum Volleyballspielen getroffen. Richtig verausgabt hat sich da keiner der Sportskanonen – meist ging es recht schnell in ein „wohl-verdientes" Feierabendbierchen über. Dazu der Blick über den Rhein auf die Stadt – WELT-KLASSE! Während der Radio Bonn/Rhein-Sieg-Zeit in Beuel haben wir dann jede Gelegenheit genutzt, eine kreative Besprechung ans Rheinufer zu verlegen. Kommt einfach mehr bei raus! Und jetzt steht öfter mal ein Ausflug mit den Kindern zum Beueler Strand an. Und bislang bin ich im Steinchenwerfen auch noch ungeschlagen auf Platz 1!

HIER GEHT'S ZUM VIDEO!

LIEBLINGSORT
STRAND AM RHEINUFER IN BONN-BEUEL

LIEBLINGSORT
NATUR

Die Bonnerinnen und Bonner schätzen die kurzen Wege ins Grüne. Nur wenige Autominuten von der Innenstadt entfernt erreicht man den Kottenforst, die Waldau, das Siebengebirge oder die Siegaue. Eigentlich ist Bonn überall ein klein wenig grün – auch in den einzelnen Stadtteilen selber.

Für Cornelis und den Landtagsabgeordneten Rolf Beu ist das Meßdorfer Feld ein Ort der Entspannung. Wenn auch aus unterschiedlichen Motiven: Cornelis geht hier gerne joggen oder liest ein Buch, während Rolf Beu den Ort auch aus Sicht des Eisenbahnfreundes schätzt. Schließlich fährt die Voreifelbahn mitten durch das Meßdorfer Feld.

Comedian Bernhard Hoëcker findet in der Waldau Entspannung – und klettert da auch gerne mal auf einen Baum. Kein Scherz, wir sind Zeugen! In diesem Kapitel gibt es aber auch Lieblingsorte, die öffentlich nicht zugänglich sind, weil sie private „grüne Oasen" sind: Sowohl „Endenichs Kubaner" und Gemüsehändler Max als auch Hadya haben ihren heimischen Garten zu ihren Lieblingsorten in Bonn erkoren. Hier läuft ihnen garantiert kein Jogger oder Tourist über den Weg.

Christian Mack

Der heimische Garten
in der Nordstadt

Der Mühlenbach
in Vilich-Müldorf

Die Weiße Brücke

Das Messdorfer
Feld

Der heimische Garten
in Lengsdorf

Der Wald am
Venusberg

Die Waldau

Das Annaberger
Feld

ANDY SEIBT ③②

LEITER KUNDENSERVICE UND MUSIKER, WUPPERTAL (NRW)

Warum Bonn? Weil Bonn seinen eigenen Charme besitzt. Ich bin als kleiner Mann mit meinen Eltern von Wuppertal nach Sankt Augustin gekommen und habe die ersten Eindrücke der Stadt durch die Schule und Freunde in mich aufgesogen. Egal wo man sich rumtreibt – man findet immer ein Plätzchen wo man sich wohlfühlen kann und interessante, nette Leute. Die Innenstadt bietet alles, was man von Bars über Shopping bis hin zu Trubel braucht. Rundherum hat man mit dem Ennert, dem Venusberg und der Rheinaue auch noch Rückzugsorte

in die Natur, wenn man einfach mal raus will. Mit der für mich idealen Lage zwischen Heimat, Arbeit, Hobbies und Freunden hätte ich es auch nicht besser treffen können.

Nachdem ich Köln zum Wohnen und Arbeiten schon kennengelernt habe, bin ich nun froh in Bonn-Holzlar zu wohnen. Hier hab ich genau den Mix zwischen Stadt und Ruhe, den ich brauche und kann mir vorstellen, dass ich Bonn noch eine ganze Weile treu bleiben werde.

In Wäldern fühle ich mich schon wohl, seitdem ich denken kann. Man ist draußen, aber trotzdem irgendwie doch nicht und hat einfach die Möglichkeit, alles andere hinter sich zu lassen. Für den Venusberg habe ich mich deshalb entschieden, weil ich hier sowohl mit dem Mountainbike oder zum Joggen unterwegs sein kann, aber auch einfach mal Ruhe habe, wenn ich raus muss aus dem Arbeitsstress. Fasziniert von Ruinen oder alten Gebäuden war ich auch schon immer und ich weiß noch, als ich das erste Mal an diesem Mauerstück im Winter vorbeigejoggt bin. Das Sonnenlicht fiel durch die Bäume und dazu waren die Steine mit Schnee bedeckt. Ein schöner Anblick, der die Gedanken auf Reisen schickt und alles andere einfach nebensächlich erscheinen lässt – und das gerade mal zehn Minuten außerhalb der Stadt.

HIER GEHT'S ZUM VIDEO!

LIEBLINGSORT
VENUSBERG

BERNHARD HOËCKER ⓸③

SCHAUSPIELER UND KOMIKER,
NEUSTADT AN DER WEINSTRASSE (RHEINLAND-PFALZ)

Mein Vater stammt aus der Pfalz, ich bin dort geboren, aber in der Nähe von Frankfurt aufgewachsen. Er war Beamter bei der Post und so bin ich 1980 nach Bonn gekommen und hab hier meine Pubertät verbracht, das heißt: Hier wurden meine Eltern schwierig. In der Kindheit ist man ja noch sehr an seine Familie gebunden, das ändert sich, wenn man älter wird. In Bonn ist die eigene Entfaltung einfach. Man hat eine kleine übersichtliche Stadt und wenn man es mal größer will, fährt man einfach nach Köln. Als es dann ans Studieren ging, wollte ich gern etwas mit Mathe machen. Für Statistik hätte ich aus Bonn weggehen müssen. Das wollte ich nicht, weil wir ein Comedy Ensemble hatten und ich die Bühne erst mal hätte aufgeben müssen. Also entschied ich mich dann für VWL. Ich kenne alle Ecken in Bonn, mit vielen verbinden mich Erinnerungen, irgendwie war ich schon überall einmal. Es gab für mich nie einen Grund aus Bonn wegzuziehen. Warum auch? Köln hat noch weniger Parkplätze.

In Bonn gibt es viel Natur und schöne Wälder. Wenn ich mit dem Hund unterwegs bin und über mir ein Blätterdach nur hin und wieder einen Sonnenstrahl durchlässt, dann entspannt das ungemein und ich genieße diese Ruhe. Da kann man richtig die Seele baumeln lassen und der Hund kann rennen.

HIER GEHT'S ZUM VIDEO!

LIEBLINGSORT
DIE WALDAU

Gesichter-Bonns.de
Beatrice Treydel

CORNELIS RÄBER (33)

STUDENT,
LÜBBECKE (NRW)

Zunächst war Bonn ein Kompromiss. Nach meinem Studium an der Bundeswehruni in Hamburg wurde ich in das Eifelkaff Mayen versetzt. Als zum Großstadtmenschen Gewordener hatte ich aber überhaupt keine Lust auf die Einöde. Dies ging einem guten Kameraden genauso. Und da eine tägliche Fahrt nach Köln zu weit gewesen wäre, entschieden wir uns also für eine WG in Bonn.

Dies ist mittlerweile nun fast sechs Jahre her. Seitdem habe ich diese Stadt kennen- und lieben gelernt, habe hier einen tollen Freundeskreis (den ich fast ausnahmslos über die Facebook-Gruppe „NFB – Neuer Freundeskreis Bonn" kennengelernt habe) und fühle mich einfach wohl in dieser kleinstädtisch anmutenden Großstadt. Die Bundeswehr habe ich mittlerweile hinter mir gelassen – aber Bonn bleibe ich treu: Kein Gedanke mehr daran, nach Köln zu wollen. Deswegen werde ich auch nach Abschluss meines Zweitstudiums hier einen Job finden.

Warum das Meßdorfer Feld?
Erstens ist dies meine Haus-Laufstrecke.
Drei Minuten und ich bin im Grünen, krie-
ge den Kopf frei und kann meine Gedanken
ordnen. Zweitens saß ich schon stundenlang auf einer der Bänke hier und habe für
Klausuren gelernt oder einfach nur ein Buch
gelesen. Das Feld verkörpert für mich, was
Bonn ausmacht - zwar bin ich irgendwie in
einer großen Stadt, die alles hat und nichts
vermissen lässt und trotzdem bin ich ruck,
zuck draußen im Grünen. Einfach schön hier!

LIEBLINGSORT

MESSDORFER FELD

MAX WALBROEL (70)

EINZELHÄNDLER, BONN

Ich bin in Bonn geboren und möchte auch gern meinen Lebensabend hier verbringen, auch wenn ich ein sehr offener Mensch bin, der sich überall in der Welt wohl fühlt. Der Umgangston und die Mentalität hier, der Humor, wie man miteinander ins Gespräch kommt – das alles gefällt mir. Die rheinländische Mentalität ist schon mein ganzes Leben ein untrennbarer Bestandteil von mir. Und die Rheinländer sind eben ein ganz besonderer Schlag Mensch.

Wenn ich durch die Altstadt gehe und dort stehe, wo ich aufgewachsen bin, wo meine Eltern und Großeltern gelebt haben, dann geht mir das Herz auf.

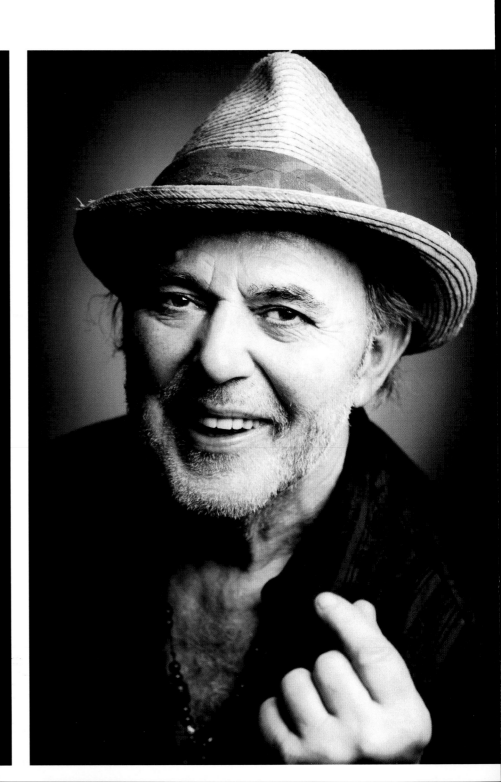

In Bonn gibt es viele schöne Ecken. Aber mein Lieblingsort ist ein ganz persönliches Fleckchen Erde: Unser Garten. Er ist wunderschön und wurde von meiner Frau gestaltet. Er ist in Stadtnähe auf einem Hang, wodurch man einen herrlichen Blick auf die Stadt hat und trotzdem nicht «weg vom Schuss» ist. Der Garten ist einfach schön angelegt und dadurch kann man hier auch wunderbar entspannen.

LIEBLINGSORT
DER HEIMISCHE GARTEN IN BONN LENGSDORF

HADYA EISFELD (43)

LEHRERIN,
LÜNEN (NRW)

Ursprünglich bin ich aus dem Ruhrpott nach Köln zum Studium gegangen. Als ich dann aber meinen Mann direkt im ersten Semester kennengelernt habe, habe ich mich akademisch umorientiert und meine neue Heimat an der Uni Bonn gefunden.

Und weil Bonn einfach einen so internationalen Flair hat, ohne aber den Einzelnen in der Anonymität untergehen zu lassen und die Lage am Rhein und dem Siebengebirge einfach wunderschön ist, gab es keinen Grund, von hier wegzugehen!

Ich habe lange darüber nachgedacht, wo jetzt nun genau mein Lieblingsort in Bonn liegt, nur um feststellen zu müssen, dass ich a) viele Lieblingsorte habe, diese b) Jahreszeiten- und wetterabhängig sind und c) viele davon schon „belegt" waren. Also habe ich mir jetzt den einen Lieblingsort herausgepickt, der nicht unbedingt frei zugänglich ist und wirklich nur mir und meiner Familie vorbehalten bleibt: Unseren Garten. Obwohl wir noch ziemlich zentral wohnen, haben wir ein etwas verwildertes Fleckchen Grün, in das wir uns zurückziehen und zur Ruhe kommen können und das, obwohl wir in 15 Minuten mit dem Bus oder dem Fahrrad in der Stadt sind.

Die Gartenarbeit hat etwas Meditatives und wenn man dann saisonbedingt die Früchte seiner Arbeit ernten kann, sei es inmitten von Duftrosen, Lavendel und Flieder zu sitzen, oder aber auch richtige Früchte wie Äpfel oder Beeren zu genießen, dann mag man es kaum glauben, dass wir mitten in der Stadt wohnen.

LIEBLINGSORT
EIGENER GARTEN IN DER BONNER NORDSTADT

ANDREAS GASSEWICZ (46)

MUSIKER,
DOBRE MIASTO (POLEN)

Geboren bin ich in Polen. 1980 bin ich dann mit meiner Familie nach Deutschland übergesiedelt und nach einigen Stationen in Köln angekommen. Aus Liebe zu meiner Frau bin ich dann aus der Großstadt Köln nach Bonn umgezogen. Das war am Anfang nicht einfach, aber da ich nun endlich hier ganz und gar angekommen bin, will ich hier auch gar nicht mehr weg. Das zeigt sich auch in meinen selbstgeschriebenen Liedern, von denen viele auf bönnsch sind (Dank an meine Frau!), die ich mit meiner Musikgruppe „Dorefslöck" präsentiere, die über Vilich-Müldorf handeln und das charmante mir ans Herz gewachsene Bonn.

Die Spaziergänge mit meiner Frau führen mich oft an diesen Ort der Ruhe, der vielen unserer neuen Mitbürger im Dorf gar nicht bekannt ist. Hier kann ich Kraft tanken und Inspiration finden für neue Ideen für meine Musik über Bonn. Schnell schwirren mir neue Melodien im Kopf herum und im Zwiegespräch entstehen im Kopf schon die Texte dazu. Wenn das Wasser im langsamen Tempo Richtung Rhein fließt, hilft es auch mir dabei, mein Leben ein wenig zu entschleunigen. Mich lädt die Brücke immer wieder zum Verweilen ein.

LIEBLINGSORT
MÜHLENBACH IN VILICH-MÜHLDORF

PATRICK SPANO (49)

VERTRIEBSLEITER,
BONN

Mein Vater kam aus Frankreich und arbeitete bei der französischen Botschaft, meine Mutter kam mit Ihren Eltern aus München. Früher gab es wohl noch Tanzcafés in Bonn. Ich wurde dann quasi per Geburt zum Rheinländer.

Ich mag Bonn besonders wegen der grünen Umgebung: Rheinaue, Siebengebirge und Kottenforst, aber auch die Innenstadt und die Altstadt haben ihren ganz besonderen Reiz. Die Stadt ist quirlig, dabei aber nicht laut und aufdringlich, sie versprüht eine gewisse Erhabenheit, ohne aber arrogant zu wirken. Ich glaube, dass diese gewisse „laissez faire"-Mentalität nicht zuletzt durch die Jahre als Bundeshauptstadt und der damit verbundenen großen Anzahl an Botschaften und Kulturen geprägt wurde – zusätzlich zu der ohnehin positiven rheinischen Grundeinstellung:
Et kütt wie et kütt.

Also: Meine Frau sagt immer, ich wüsste ja noch nicht einmal, wie man *Rhomantick* schreibt. Aber: Als ambitionierter Läufer gefällt mir oben im Kottenforst das Annaberger Feld immer dann ganz besonders gut, wenn die Abenddämmerung aufzieht, die Sonne glutrot das Gestüt und die Weiden ausleuchtet und die Pferde dort seelenruhig vor sich hin grasen. Als Postkarte der pure Kitsch, in natura der Hammer. Anschließend dann noch das definitiv beste Eis Bonns bei Giovanni von der „Eisdiele Bressa" in Friesdorf – meinem Geburtsdorf – und der Tag ist nahezu perfekt.

LIEBLINGSORT

ANNABERGER FELD

ROLF BEU (58)

LANDTAGSABGEORDNETER, BONN

Bonn ist die ideale Mischung. Nicht zu groß, deshalb noch menschlich und übersichtlich. Aber alles was nötig ist, ist vorhanden – vielleicht bis auf einen höherklassigen Fußballverein. Auch die Lage ist ideal. Nach Norden die großen Städte NRWs. Nach Süden das dünn besiedelte Rheinland-Pfalz. Durch die Stadt fließt der Rhein. In unmittelbarer Nachbarschaft liegt nicht nur die rheinische Metropole Köln, sondern auch das Siebengebirge und das Ahrtal mit seinen Weinbergen. Alles ist noch in Tagesentfernung erreichbar, die See, die Alpen und die nächste frankophone Großstadt liegt gerade mal 150 Kilometer entfernt. Eine Mischung aus Ur-Bönnschen und Internationalen, Angehörigen der Uni (ich war selbst lange Jahre beim Studentenwerk tätig), Beamten, Angestellten der großen DAX-Konzerne und vielen mehr. Bonn ist Lebensqualität.

Die Weiße Brücke ist gar nicht weiß, sondern grau. Ihren Namen erhielt sie vom weißen Dampf der sie ursprünglich unterfahrenen Dampfloks. Nur einige hundert Meter entfernt liegt die Schwarze Brücke. Inzwischen fahren statt der Dampfzüge zwar nur noch regionale Dieseltriebzüge, von fernen Reisezielen kann man hier aber immer noch träumen. Außerdem ist die Weiße Brücke der Mittelpunkt und die höchste Erhebung des Meßdorfer Feldes. Kaum eine andere Stadt bietet in so zentraler Lage eine so große Freifläche, landwirtschaftlich genutzt, ein Naherholungsgebiet zum Luft holen. Von der Brücke hat man einen weiten Blick auf die umliegenden Stadtteile, aber auch auf den Venusberg, den Kreuzberg, das Siebengebirge und die Hochhäuser des ehemaligen Regierungsviertels.

LIEBLINGSORT
DIE WEISSE BRÜCKE

LIEBLINGSORT
STRASSEN & PLÄTZE

In vielen südlichen Ländern spielt sich das Leben mitten auf der Straße ab. Ich kenne das aus Rom oder Barcelona. Doch in Bonn sind diese öffentlichen Orte nicht weniger besucht, mir blieb das nur bisher eher verborgen, da ich in meiner Freizeit eher die Bonner Natur genieße.

Dennis' Lieblingsort ist so eine typische Stelle. Am Bertha-von-Suttner-Platz – im Übrigen nach der Österreicherin benannt, die 1905 als erste Frau den Friedensnobelpreis erhielt – tobt das Leben. Als ein wichtiger Verkehrsknotenpunkt ist hier immer viel Betrieb. Von hier aus erreicht man schnell viele Punkte in Bonn und kann sich mit Freunden verabreden.

Je nach Jahreszeit sind andere Plätze in Bonn interessant. Während für Jana der Bonner Weihnachtsmarkt auf dem Münsterplatz besonders magisch ist, zieht es Alexandra im Frühling immer in die Breitestraße. Und ihr machen es inzwischen jährlich unzählige Touristen nach. Das rosa Blütendach der Kirschbäume steht offensichtlich in jedem Deutschland-Reiseführer.

Wo wir gerade bei Bäumen sind: Ich hab immer das Gefühl, dass der im Stadtbild am häufigsten vorkommende Baum in Bonn die Kastanie ist. Mit ihren weißen und roten Kerzen zieren sie besonders die Strecke zwischen Uni-Hauptgebäude und Poppelsdorfer Schloss. Für Susanne ist die Stelle am Kaiserplatz umrandet von Kastanien am schönsten. Im Sommer ist für Linda der Frankenbadplatz die schönste Stelle in Bonn. Hier treffen sich alt und jung, spielen Fußball und trinken Kaffee in der Sonne.

Cassius und Florentius, die Bonner Stadtpatrone, zieren den kleinen Platz vor dem Bonner Münster. Hier, auf dem Martinsplatz, dem Lieblingsort von Christel, ist der Grundriss der Martinskirche symbolisch in das Pflaster eingelassen.

Was sich hinter Berits, Marions und Christians Lieblingsstraßen in Bonn verbirgt, erzählen sie in diesem Kapitel.

Beatrice Treydel

Die Michaelstraße

Die Altstadt

Der Frankenbadplatz

Der Bertha - von - Suttner - Platz

Der Weihnachtsmarkt

Die Fußgängerzone

Der Kaiserplatz

Martinsplatz

Die Schuh-
mannstraße

ALEXANDRA WOLF (33)

KOMMUNIKATIONSDESIGNERIN, AUGSBURG (BAYERN)

„Warum denn bloß Bonn?", jammerte ich, als meine Mutter mir 1991 mitteilte, dass wir wegen eines neuen Jobs ab sofort in Bonn leben und unser kleines beschauliches Ministädtchen Lindenberg im Allgäu verlassen würden. Für mich damals eine schreckliche Vorstellung, war ich doch daran gewöhnt, mich auf dem Land völlig frei bewegen zu dürfen. Als erstes verschlug es uns direkt ins Herz von Bonn, mitten in die Altstadt – und ich habe es gehasst. Es war mir zu viel Trubel, zu viele Menschen auf der Straße, zu viele Autos und zu wenig Wald. Spätestens in meiner Teenagerzeit fand ich es dann gar nicht mehr so schlecht, nun in einer für mich immer noch Großstadt zu leben. Die Jahre vergingen und führten meine Mutter und mich durch verschiedene Stadtteile von Bonn (Altstadt, Zentrum, Kessenich, Dottendorf und Bad Godesberg) und als ich zwanzig war, zog meine Mutter schließlich wieder zurück ins Allgäu. Als sich die Frage stellte, ob ich mitgehen wollte, war meine Antwort ein klares Nein, war ich doch inzwischen fest mit Bonn verwoben. Ich war hier in der Schule und Ausbildung, lebte in meiner ersten eigenen Wohnung, hatte ein Netzwerk aus Freunden und Bekannten. Ich war wohl endgültig vom Landkind zum Stadtmenschen mutiert. Seit einigen Jahren hat es mich wieder in die Altstadt verschlagen und ich liebe es sehr, hier zu leben. Ich würde nicht behaupten, dass Bonn für mich die tollste Stadt auf Erden ist und manchmal ist sie mir doch zu klein, mit zu wenig Möglichkeiten, gerade für mich im Medien/ Designbereich. Und auch die Beschneidungen der letzten Jahre durch die sogenannten „Wutbürger" an Kunst- und Unterhaltungsveranstaltungen tun der Stadt, den Menschen hier und vor allem unser aller Lebensqualität meiner Meinung nach alles andere als gut und trotzdem ist mir Bonn mit all seinen schönen Ecken über die Jahre ans Herz gewachsen. Obwohl oder gerade weil ich gerne reise und jede Möglichkeit nutze, unterwegs zu sein, ist Bonn für mich zu meiner «base» geworden. Hier sind meine Freunde, meine Liebe, mein Leben, hier fühle ich mich wohl und bin zu Hause.

Mein Lieblingsort ist definitiv die Altstadt. Hier hat meine Geschichte mit Bonn angefangen und hier führe ich sie seit einigen Jahren wieder fort. So sehr ich sie als Zehnjährige gehasst habe, so sehr liebe ich sie seit einigen Jahren. Die Altstadt ist mein „hood", mein zu Hause und mein Lebensmittelpunkt. Hier verbringe ich die meiste Zeit meines Lebens, kaufe Lebensmittel (die Kioskbesitzer kennen mich), chille im Sommer am Frankenbad, hier treffe ich fast immer jemanden, den ich kenne, verbringe viele Abende in den naheliegenden Kneipen und Bars und arbeite selbst seit einigen Jahren nebenbei in einer solchen, dem „Maya". Kritiker mögen sagen, dass die Altstadt mit Kriminalität und anderen Problemen zu kämpfen hat und doch hat dieser Stadtteil meiner Meinung nach seinen ganz eigenen Charme und ist oft einfach nur wunderschön, sei es im Sommer, wenn alle Gaststätten ihre Tische auf der Straße stehen haben (gut gemacht, Stadt Bonn) und man hier das Leben pulsieren sieht oder auch ganz besonders, wenn die Kirschblüten blühen, alles in Pink erstrahlt und es mein persönliches Hobby zu dieser Jahreszeit ist, die vielen asiatischen und anderen Mitmenschen beim fleißigen Fotografieren zu beobachten. Nicht umsonst hat es die Altstadt unter die Top Ten der schönsten Alleen der Welt geschafft.

HIER GEHT'S
ZUM VIDEO!

LIEBLINGSORT
ALTSTADT

BERIT GRIEBENOW (29)

EVENTMANAGERIN,
KÖLN (NRW)

Ich bin im Dreiländereck Köln-Leverkusen-Bergisch Gladbach aufgewachsen. Bonn war also direkt um die Ecke. Und wie es so oft ist mit Dingen, die einem praktisch vor den Füßen liegen, man kennt sie eigentlich kaum. Erst als ich – auch eher zufällig – in Bonn zum Studium gelandet bin, habe ich diese Stadt (Achtung: ausgelutschte aber wahre Redewendung) kennen und lieben gelernt. Bonn war, beziehungsweise ist für mich: Viel Kultur, Grün, der wundervolle Rhein, tolle Cafés und Restaurants, internationales Flair und kleinstädtische Gemütlichkeit und vor allem: Ganz tolle Freunde.

Die Schumannstraße war für mich die Verbindung von meiner Bonner Wohnung mit der Innenstadt. Wann immer ich zu Fuß oder mit dem Rad unterwegs war, habe ich die Schumannstraße gewählt, um in die Stadt oder nach Hause zu kommen. In der Schumannstraße gibt es viel zu gucken: Die Elisabethkirche, tolle Altbauten und für ein Stadtkind wie mich auch viel unterschiedliches Grünzeugs, das gerade im Sommer die unterschiedlichsten Gerüche mit sich bringt. Die Schumannstraße und ich – wir haben nichts voreinander zu verbergen. Ich kenne sie im Sonnenschein, im Regen, nachts, morgens, mittags, abends. Und sie kennt mich fröhlich, traurig, müde, aufgebrezelt, ungeschminkt oder auch betrunken.

LIEBLINGSORT
SCHUMANNSTRABE

JANA SHIMIZU (28)

WISSENSCHAFTLICHE MITARBEITERIN, NIEDERKASSEL-RHEIDT (NRW)

Bonn bedeutet für mich Heimat. In Bonn bin ich geboren, in Bonn habe ich studiert und nach ein paar Jahren bin ich wieder nach Bonn zurückgekehrt. Die Stadt ist gemütlich und abwechslungsreich – es gibt hier einen bunten Mix an Menschen, kulturellen Möglichkeiten, sowie Restaurants und Cafés.

Nicht zu klein und nicht zu groß, man kann alles mit dem Rad erreichen. Tagsüber herrscht Trubel, abends ist es eher ruhig auf den Straßen. Bonn lädt zum Bummeln ein und zeigt immer wieder schöne neue Seiten. Man kann hier so viel entdecken und erleben!

Mit diesem Ort verbinde ich so viele schöne Erinnerungen. Die blinkenden Lichter, die leckeren Gerüche, die Geräuschkulisse... Der erste Hauch von Weihnachten, die Zeit, die so viel Vorfreude bereitet. In meiner Kindheit war die Hauptattraktion das Schaufenster voller sich bewegender Kuscheltiere, später sind die Essens- und Glühweinstände attraktiver geworden. Obwohl ich meistens friere und es nicht ewig in der Kälte aushalte, sind genau diese Momente toll. Ich treffe mich hier immer noch mit meiner Familie und Freunden. Wir schwelgen in Erinnerungen, lassen das gemeinsame Jahr ausklingen. Alle haben glitzernde Augen und freuen sich auf das gemütliche Weihnachtsfest - und den nächsten Weihnachtsmarkt.

LIEBLINGSORT
WEIHNACHTSMARKT AM MÜNSTERPLATZ

CHRISTEL SCHLEGEL

(68)

RENTNERIN,
RENDSBURG (SCHLESWIG-HOLSTEIN)

Nach Bonn bin ich durch meinen Mann gekommen, weil er ein Soldat ist. Das war vor 22 Jahren und wir wurden hier in Bonn mit offenen Armen aufgenommen. Und die Atmosphäre im Sommer war damals eine ganz besondere. Die Leute sind einfach wunderbar hier. Bonn ist eben eine ganz besondere Stadt für mich. Und ich kann das wirklich sagen, weil wir einige Städte durchlebt haben. Ich fühle mich hier in Bonn total wohl und die Offenheit der Leute und vor allen Dingen die Toleranz ist sehr bewundernswert.

Den Martinsplatz und den Münsterplatz liebe ich, weil beide eine ganz große Lebendigkeit ausstrahlen. Weil Beethoven dort zu sehen ist und vor allem das Münster, das, wenn man vom Martinsplatz kommt, ganz präsent ist. Der Münsterplatz ist für mich der Mittelpunkt der Stadt Bonn – und vom Martinsplatz, wo die beiden Köpfe von Cassius und Florentius liegen, hat man den Überblick bis zur Kreuzkirche. Das ist für mich der schönste Platz Bonns, an dem ich immer gerne stehen bleibe.

LIEBLINGSORT

MARTINSPLATZ

CHRISTIAN KLENNER (31)

RECRUITER,
BAD HONNEF (NRW)

Ich wurde in Bonn geboren, lebe aber seit Geburt im Siebengebirge. So wie es viele Bonner in der Freizeit ins benachbarte Grüne zieht, so zieht es mich umgekehrt immer wieder landfluchtartig nach Bonn. Ich bin also quasi ein geborener Freizeit-Bonner. Darüber hinaus ist Bonn meine persönliche Premieren-Stadt, die in meiner Vita bereits viele Spuren hinterlassen hat. Ein Ort, der für ein Landei wie mich das Tor zur Welt bedeutet: Als Kind die erste Klassenfahrt (alter Bundestag), als Heranwachsender der erste Schaufensterbummel (Puppenkönig) und erstes Fast-Food (Mäcces am Bertha), als Teen das erste Date im Kino (Metropol), als angehender Twen Zivildienst und erste rauschende Discobesuche (Pantheon). Und heute? Ist Bonn auch immer wieder für neue Erfahrungen gut. Ich mag's.

Die Bonner Fußgängerzone. So banal und doch unglaublich facettenreich – fast ein Paradoxon. Hier kann ich sitzen und das bunte Treiben still beobachten oder aber mich selbst in den Trubel stürzen. Sie kann mich be- und entschleunigen. Konsum und Geschichte geben sich hier die Hand, zum Beispiel am Münsterplatz oder in der Bonngasse. Am liebsten schlendere ich an einem sonnigen Tag über den Münsterplatz oder die Sternstraße, schaue in Schaufenster und lächel freundliche Gesichter an – und der Bonner lächelt für gewöhnlich zurück.

LIEBLINGSORT
BONNER FUSSGÄNGERZONE

DENNIS OSMAN (19)

AZUBI, BONN

Ich bin in Bonn geboren und fühle mich hier total wohl. Die Stadt gibt mir genug Freiraum, mein Leben zu gestalten. Egal ob es ein Spaziergang am Rhein ist, der Besuch von Parks, ein Spaziergang in den Wäldern oder einfach der Besuch in der Innenstadt – an Aktivitätsmöglichkeiten mangelt es hier überhaupt nicht. Es ist außerdem schön, in einer Stadt zu leben, die auch viel Natur anbietet, um mal vom Stadtleben abzuschalten.

Einen „Lieblingsort" zu finden ist mir sehr schwer gefallen, weil ich ganz viele Orte in Bonn liebe. Ich entschied mich jedoch letztendlich für den Bertha-von-Suttner-Platz. Ich verbinde diesen Ort mit guten Dingen, wie den Start eines großartigen Tages oder ein Treffen mit guten Freunden.

LIEBLINGSORT
BERTHA-VON-SUTTNER-PLATZ

LINDA REITINGER (29)

RADIOMODERATORIN,
LUDWIGSBURG (BADEN-WÜRTTEMBERG)

2003 bin ich nach Bonn gekommen, um zu studieren. Denn der Studiengang, den ich mir ausgesucht hatte, wurde nur in Bonn und in Berlin angeboten. Mein Gedanke: Na, da ist Bonn wohl das kleinere Übel. Weg wollte ich aus meiner Heimat in der Nähe von Stuttgart nämlich eigentlich gar nicht! Und ich war mir sicher: Sobald ich das Studium geschafft habe, bin ich wieder weg.

Lustig im Nachhinein. Da lag ich nämlich völlig daneben. Innerhalb kürzester Zeit hat Bonn, diese wundervolle Stadt am Rhein, mein Herz erobert. Mit ihrer Gelassenheit – ihrer grünen Seele – diesem Duft alter Zeiten, der einem immer noch begegnet hier und da. Ihrer alten und neuen Geschichte. Und dem Alle-mal-malen-Mann.

Wie unendlich wertvoll ist mir innerhalb der zehn Jahre diese Stadt mit all dem geworden. Und wenn ich aktuell auch jobbedingt woanders lebe – ich komme zurück! Diesmal ganz sicher.

In der Bonner Altstadt spürt man das Leben so intensiv, wie sonst nirgends. Denn hier findet das Leben statt – so wie es ist. Mal strahlend, bunt und schön, mal so ein bisschen abgeranzt und schäbig. Mal tanzen Kirschblüten durch die Luft, mal hängt da mehr der Duft der letzten Partynacht.

Ganz besonders liebe ich dabei den Platz am Frankenbad. Hier treffen sich Geschäftsleute aus den umliegenden Büros zum Kaffee zwischendurch, Studenten, Familien, Alte und Junge, Leute mit Grill und Leute mit Buch, hier wird Basketball gespielt und auch einfach nur im Gras gelegen. Hier ist Platz für alle. Und das mag ich.

LIEBLINGSORT
DIE ALTSTADT AM FRANKENBAD

MARION LENFANT-PREUS

(26)

SÄNGERIN,
TOURS (FRANKREICH)

Ich bin nach Deutschland gekommen, um mein Studium in Fremdsprachen abzuschließen. Ich hätte zur Uni in Hamburg oder Köln gekonnt, aber der Studiengang in Bonn schien hochwertiger und weniger anonym, also bin ich hier gelandet. Seit Ende des Studiums bleibe ich gerne in Bonn, weil ich mich hier zu Hause fühle. Komisch eigentlich, weil ich mich bisher an keinen Ort wirklich gebunden gefühlt habe, auch nicht an meine Heimat Frankreich. Ich habe zwar in Bonn meine musikalischen und freundschaftlichen Netzwerke, aber ich bin theoretisch nicht gezwungen hier wegen Familie oder Arbeit zu bleiben und fühle mich dadurch frei, diese Stadt zu mögen. Vielleicht ziehe ich irgendwann um, aber bis jetzt bleibe ich. Wenn ich außerdem jedes Jahr die Welt ein bisschen bereisen kann, freue ich mich, die restlichen Monate dann in Bonn zu verbringen. Bonn hat etwas dörfliches im positiven Sinne. Man kennt sich, Bonn ist grün, es ist sympathisch und trotzdem voller Überraschungen und neuer Begegnungen!

In meinen ersten Jahren in Bonn habe ich am Rand der Altstadt gewohnt. Als ich noch am Kaiser-Karl-Ring in der Dorotheen-straße gewohnt habe, konnte ich es schon genießen, immer durch die Altstadt zu fahren, oder Freunde dort zu treffen. Ich habe mich irgendwann entschieden, wirklich in die Altstadt umzuziehen und fühle mich nun sehr wohl dort.

Seit ein paar Monaten ist meine neue Straße die Michaelstraße, eine der schönsten Straßen Bonns. Das sagt man und es stimmt auch. Besonders ist es hier zentral und trotzdem schön und ruhig. Man läuft ein paar Meter zum Frankenbadplatz oder zum Rhein und man kann sehr schnell nach Beuel radeln oder nach Endenich. Die Nachbarn ignorieren die geparkten Au-tos und haben Bänke vorm Haus auf die Straße gestellt und bepflanzen die ver-gessenen Blumenbeete, die eigentlich der Stadt gehören. Diesen August gibt es sogar ein Michaelstraßenfest. Das zeigt, wie sehr die Leute hier auf die Straße wollen, um sich dort zu begegnen, zu chillen oder um dort ihren Kaffee zu trinken.

LIEBLINGSORT
MICHAELSTRASSE, ALTSTADT

SUSANNE BEEKES (39)

LINGUISTIN UND ÜBERSETZERIN, BONN

Ich kam im Kindergartenalter nach Bonn und habe hier Kindergarten, Schulbildung und Ausbildung durchlebt, bevor ich eine lange Zeit ins Ausland nach Frankreich und Irland ging. Obwohl ich mich dort auch heimisch gefühlt habe, zog es mich regelmäßig nach Bonn – zu Familie und Freunden oder zum Karneval, zu Weihnachten oder auch mal im Sommer. Kontakte hierher habe ich all die Jahre gepflegt. Ich finde gerade Bonn so schön, weil es viel an Geschichte zu bieten hat und vom Stadtbild her gut erhalten ist. Hier erlebe ich Großstadtflair, ohne dass die Stadt unübersichtlich oder gestresst wirkt. Bonn ist für mich vielseitig und schnuckelig anonym, ohne unpersönlich zu sein. Besonders gefällt mir auch die Aufrichtigkeit und die rheinische Frohnatur der Menschen. Echtes Rheinland eben. Eine Zeit lang dachte ich, ich könnte auch in einer anderen deutschen Stadt leben, aber nein. Seit dem Sommer 2013 habe ich mich wieder für Bonn entschieden. Zur Zeit fühle ich mich nach so langer Zeit im Ausland hier etwas außerirdisch und wie eine Touristin, doch das macht das Ganze auch irgendwie aufregend, denn ich genieße es, Bonn neu zu entdecken, Veränderungen in der Stadt zu sehen und immer wieder Neues kennenzulernen. Im Herzen bin ich wohl immer Bonnerin geblieben.

Ich verbringe gerne Zeit am Wasser und ich mag Brunnen. Mit den Kastanienbäumen am Kaiserplatz verbinde ich meine Kindheit. Als Kind führte mein Weg regelmäßig an diesem Platz vorbei und ich habe im Herbst hier Kastanien für die Fußgymnastik gesammelt – richtig gehört! Außerdem ist der Brunnen immer ein zentraler Treffpunkt gewesen, von dem aus so manche Tage oder Abende in der Stadt starteten.

LIEBLINGSORT
KAISERPLATZ

LIEBLINGSORT
KIRCHE

Nach meiner Recherche gibt es in Bonn 46 Kirchen, zehn Moscheen und eine Synagoge. Trotzdem würden wohl die wenigsten Bonnerinnen und Bonner eines dieser Gotteshäuser als ihren Lieblingsort in der Stadt bezeichnen. Die Religion hat im modernen Bonn einfach nicht mehr den Stellenwert wie noch zu Zeiten der Stadtpatrone Cassius und Florentius oder der Königskrönungen im Bonner Münster im 14. Jahrhundert.

Trotzdem prägen insbesondere katholische Kirchen das Bild von Bonn: Die berühmtesten sind die Doppelkirche von Schwarzrheindorf und die Kreuzbergkirche in Endenich. Und eben das altehrwürdige Münster, welches übrigens Kaiser Wilhelm II. als Vorbild für die Kaiser-Wilhelm-Gedächtnis-Kirche in Berlin diente. Wilhelm II. hatte seine Studienjahre in Bonn verbracht und das Münster hat wohl Eindruck beim späteren deutschen Kaiser hinterlassen.

Auch ein weiterer berühmter Sohn Bonns, der Maler August Macke, hat ein Bonner Gotteshaus unsterblich werden lassen, indem er St. Marien in der Bonner Nordstadt mehrfach auf seinen Gemälden verewigt hat. Vom Atelier seines Wohnhauses, dem heutigen Macke Haus, hatte er einen guten Blick auf die Kirche.

Kirchen haben Bonn also immer geprägt und deshalb ist es kein Wunder, dass auch unter den Lieblingsorten der Gesichter Bonns Gotteshäuser vertreten sind: So ist die vorhin bereits erwähnte Kirche St. Marien beispielsweise für „Crêpe Man" Hermann Hergarten ebenso Teil der Familiengeschichte wie St. Laurentius in Lessenich/Meßdorf für Thomas Roik. Beide Kirchen hätten Bea und ich ohne die Arbeit an Gesichter Bonns vermutlich nie wahrgenommen oder gar betreten.

Das gilt im besonderen Maße auch für den Lieblingsort von Travestiekünstler Curt Delander, der sich genauso zum Schwulsein wie auch zur katholischen Kirche bekennt. Sein Lieblingsort und Herzensprojekt ist die von ihm wieder aufgebaute Gertrudiskapelle im Frauenmuseum. Den Zweiten Weltkrieg hat dieses Gotteshaus, welches sich ursprünglich in der Giergasse befand, nämlich nicht überstanden. Curt ist es zu verdanken, dass die Überreste der Kapelle nun im Frauenmuseum zu bewundern sind und dass der Raum 2013 von einem Priester geweiht wurde.

Christian Mack

Die Gertrudis
Kapelle

Die Marienkirche

Der Kreuzgang
Bonner Münster

St. Laurentius
in Lessenich

CHRISTIAN MACK ㉘

JOURNALIST,
NIEDERKASSEL-RHEIDT (NRW)

Bonn ist für mich die ideale Mischung aus Kaff und Metropole. Als nach dem Abi klar war, dass ich zum Studieren im Rheinland bleibe, habe ich mich bewusst für Bonn und gegen größere Städte wie Köln oder Düsseldorf entschieden. Bonn ist einfach charmant, übersichtlich und trotzdem fehlt es einem an nichts! Mittlerweile ist Bonn sozusagen zu meinem Beruf geworden: Als Lokalradio-Hansel habe ich die „Bundesstadt" und den Kreis noch einmal neu und viel unmittelbarer kennen gelernt. Ob mich der Medien-Job irgendwann mal aus Bonn wegführen wird, weiß ich noch nicht. Wenn es so kommen sollte, dann kommt es eben so. Meine Heimat würde ich dann aber sicher vermissen, denn Bonn ist mir schwer ans Herz gewachsen!

Irgendwie mag ich Kirchen, auch wenn ich alles andere als gläubig bin. Ich mag sie als Historiker, weil sie Zeugen längst vergangener geistlicher Macht sind. Das Bonner Münster finde ich darüber hinaus aber auch schlicht und ergreifend schön. Diese plötzliche Ruhe, wenn man vom Münsterplatz in die Kirche tritt, fasziniert mich jedes Mal aufs Neue. Das Münster hat irgendwie etwas Entschleunigendes: Die Kirche selbst wirkt von innen wie ein Schalldämpfer. Das weitläufige und Ehrfurcht gebietende Halbdunkel des Kirchenschiffs wird aufgebrochen von der lebendig-grünen Harmonie des Kreuzganges. Hier hört man vom Lärm der Stadt absolut nichts mehr. Das Münster ist für mich ein Ruhepol mitten im hektischen Stadtleben.

LIEBLINGSORT
KREUZGANG DES BONNER MÜNSTERS

CURT DELANDER (65)

ZARAH LEANDER-DARSTELLER, SÄNGER UND SCHAUSPIELER, BONN

Meine gesamte Familie zählt zu den ältesten Familien dieser Stadt. Diese weltoffene, geschichtsträchtige Stadt ist mein Leben und hat meine künstlerische Laufbahn geprägt. Ich bin nach 45 Jahren Tournee durch Europa immer wieder in den Schoß dieser wunderbaren Stadt am Rhein zurückgekehrt. Ich liebe die Menschen und das einmalige mediterrane Klima in Bonn.

HIER GEHT'S ZUM VIDEO!

Ich habe gleich drei Lieblingsorte, an denen ich mich besonders wohlfühle. Als erstes mein geliebtes Frauenmuseum mit Marianne Pitzen und unseren Powerfrauen. Als zweites meine Lebensaufgabe und mein „Kind", die wiederauferstandene geweihte Gertrudiskapelle. In diesem Dialograum fühle ich mich meiner Stadt und ihrer Geschichte ganz nah. Als drittes meine einzigartige Pfarrgemeinde St. Petrus und die St. Marienkirche und ihre modernen, menschlichen Pfarrer. Als Homosexueller werde ich hier voller Liebe aufgenommen und geachtet. Der Dialog mit der katholischen Kirche ist meine Lebensaufgabe und macht mich sehr glücklich.

LIEBLINGSORT
GERTRUDISKAPELLE IM BONNER FRAUENMUSEUM

HERMANN HERGARTEN (53)

CREPERIE-INHABER,
BONN

An Bonn mag ich das kleine Großstadt-Flair. Irgendwie kennt man sich, zudem bin ich hier aufgewachsen und alle prägenden Ereignisse fanden hier statt: Von der Geburt bis zur Ausbildung. Ein weiterer Grund meiner Sympathie für Bonn ist, dass hier meine Vorfahren lebten und natürlich das von vielen Gotteshäusern geprägte Stadtbild.

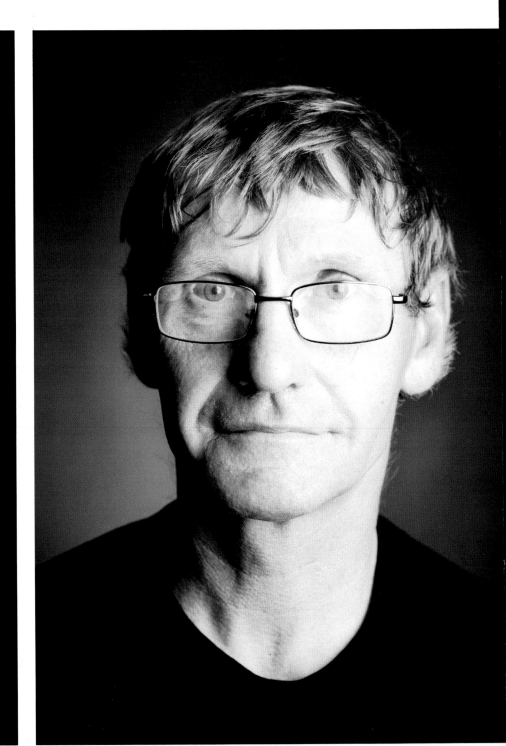

An meinem Lieblingsort, der Marienkirche, finde ich täglich ein wenig Ruhe und
ein besonderes Ritual von mir ist es, dort
im Gedenken an liebe Menschen ein Licht
anzuzünden. Auch hier finden sich Spuren
meiner Vorfahren, wie zum Beispiel der
Name meines Onkels auf der Tafel der
Kriegsopfer. Hier wurden die Trauermessen
für meine Eltern gehalten und hier ich war
Messdiener.

LIEBLINGSORT
MARIENKIRCHE

Gesichter-Bonns.de
Beatrice Treydel

THOMAS ROIK ⑤⑨

BETRIEBSWIRT,
ALFTER-OEDEKOVEN (NRW)

Bonn ist für mich Heimat. Hier sind meine Kinder geboren und meine Eltern begraben. Ich wurde im alten Landkreis Bonn, in Oedekoven, ca.100 Meter vor der heutigen Stadtgrenze geboren. Mit einem Jahr bin ich dann auf das heutige Bonner Stadtgebiet nach Lessenich umgezogen.

Hier hatten meine Eltern ihr Haus für die Familie gebaut. Es gehört jetzt einem Bruder und seiner Frau. Als Kind und Jugendlicher habe ich die aufregende Zeit des Aufbaus der Bonner Republik erlebt. Die Bonner blieben erfreulich unaufgeregt. Bonn ist eine gelassene Schönheit.

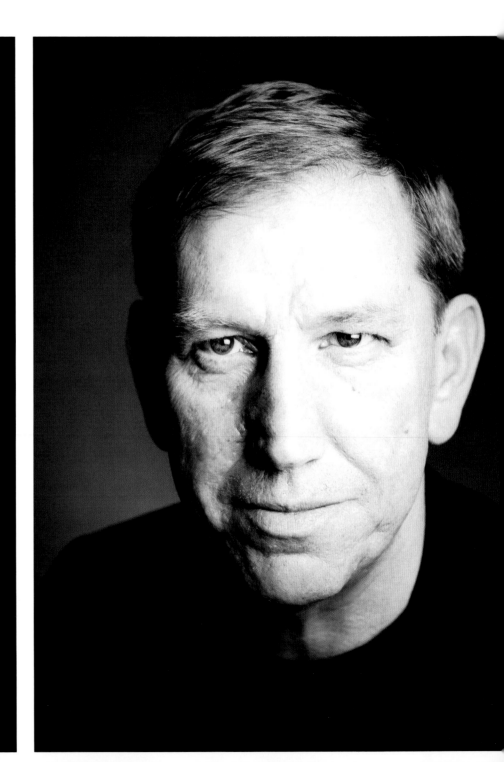

In dieser Kirche wurde ich getauft und ich war hier lange Jahre auch Messdiener. Die Kirche ist auch die Ortsmitte. Gleich neben-an wurde ich eingeschult, die Aufstellung für den Fußballverein hing im Schaukasten der benachbarten „Dorfgaststätte", die Kirmes zu St. Laurentius im August fand hier statt und der Dorfmaibaum wurde in der Nähe aufgestellt.

Das Kirchengebäude ist einer der ältesten Sakralbauten im Rheinland und gehört zu den „kleinen Schätzen" auf dem Bonner Stadtgebiet.

LIEBLINGSORT
ST.LAURENTIUS KIRCHE IN BONN-LESSENICH

LIEBLINGSORT
PARKS & GÄRTEN

Bonn ist eine grüne Stadt mit viel Lebensqualität. Auf diesen gemeinsamen Nenner kommen eigentlich alle der in diesem Buch zu Bonn befragten Gesichter. Und das spiegelt sich natürlich dann auch in den Lieblingsorten wieder: Koch Pascha hat im Nutzpflanzengarten der Uni Bonn viel über heimische Pflanzen und Kräuter gelernt. Mittlerweile landen sie bei ihm gerne auch mal im Kochtopf und auf dem Teller. Gleich mehrmals findet sich unter den Lieblingsorten der Gesichter die Rheinaue wieder, Bonns bekanntester Park. Kein Wunder, weil viele Bonnerinnen und Bonner ihre Freizeit dort verbringen oder verbracht haben. Sei es bei einem Besuch von Rheinkultur, Bierbörse oder Rhein in Flammen, bei einem Bummel durch den Japanischen Garten oder einfach nur beim Entspannen am Auensee. Natürlich darf in der Reihe der Lieblingsorte auch der Bonner Hofgarten

nicht fehlen, auf dessen Wiese schon unzählige Generationen von Studierenden im Sommer ihre Vorlesungen geschwänzt haben. Auch für Profibasketballer Andrej Mangold von den Telekom Baskets ist der Hofgarten einer der schönsten Plätze in Bonn.

Aber auch bei Touristen eher unbekannte Parks und Grünanlagen sind unter den Lieblingsorten der Gesichter, wie zum Beispiel der Derletalpark bei Dusidorf, der Panoramapark in Bad Godesberg oder der Park der LVR-Klinik am Kaiser-Karl-Ring.

Bonn hat viele dieser „grünen Lungen", die sehr gepflegt sind und deshalb schon immer zum Durchatmen eingeladen haben.

Christian Mack

Der Alte Friedhof

Der Park des LVR

Die Wiese am Alten Zoll

Der Nutzpflanzengarten

Die Hofgartenwiese

Die Poppelsdorfer Allee

Die Rheinaue

Der Botanische Garten

Der Poppelsdorfer Weiher

Die Hänge-Buche in der Rheinaue

Das Derletal

Der Japanische Garten

Die Lichtung

Der Panoramapark

ANDREANA CHANG (23)

ANGESTELLTE, TAIPEH (TAIWAN)

Der Grund, warum ich nach Bonn gekommen bin, ist einfach: An der Uni Bonn konnte ich auch ohne Deutsch zu können mit dem Studium anfangen. Sozusagen als unbeschriebenes Blatt habe ich meine Reise hier begonnen und bin schnell mit bunten Buchstaben und Gedanken ausgefüllt worden. Als jemand aus dem fernen Osten bin ich begeistert von der Lebensart der Bonner. Bonn ist bestimmt nicht die erste Stadt, an die man beim Stichwort „Europa" denkt. Und man lernt die Stadt wohl nur kennen, wenn man wirklich hier landet. Ich hätte nie gedacht, dass ich keinen Kulturschock bekommen würde in dieser liebenswerten, kleinen Stadt. Es ist wunderbar, sich von einer völlig fremden Kultur sofort aufgenommen zu fühlen. Zum Glück habe ich all die lieben Bonner getroffen, die meinen kulturellen Hintergrund und meine Persönlichkeit zu schätzen wissen. Nach nur anderthalb Jahren in Bonn fühle ich mich der Gegend schon verbunden. Im Vergleich zu meiner Heimat Taiwan gibt es in Bonn viel weniger Menschen und die Leute sind nicht so hektisch. Niemand ist in Eile und es gibt auch keinen Grund zur Eile. An schönen Tagen sieht man hier Leute am Boden sitzen und die Sonne genießen. Ein Riesenunterschied zu Ostasien, wo die Leute alles tun, um bloß nicht braun zu werden. Ein anderer Grund, warum ich es hier so toll finde ist, dass die Leute die Meinung einer Frau respektieren. In meiner Heimat ist das leider völlig anders. Selbstständig denkende Frauen erregen da Anstoß. Hier kann ich mich hingegen frei ausdrücken und entfalten. Was kann es besseres geben? Es war zwar Zufall, dass ich nach Bonn gekommen bin. Aber jetzt bin ich absolut verliebt in die Stadt. Deshalb bin ich auch nach meinem Studium wieder hierher gekommen. Denn für eine kurze Zeit habe ich Bonn danach verlassen. Heute glaube ich, dass ich in keiner anderen Stadt mehr leben will und kann. Ich fühle mich selbst als eine Bonnerin!

Die Rheinaue ist mehr als nur ein gigantischer Park. Sie ist der Ort, an dem ich lachen und mein Leben mit meinen Freunden genießen kann. Ich verbinde ein paar großartige Erinnerungen mit diesem Ort.

HIER GEHT'S ZUM VIDEO!

LIEBLINGSORT

RHEINAUE

Gesichter-Bonns.de
Beatrice Treydel

ANDREJ MANGOLD ㉗

BASKETBALLPROFI, BURGWEDEL (NIEDERSACHSEN)

Als Profibasketballspieler bei den Telekom Baskets Bonn bin ich 2011 nach Bonn gekommen. Inzwischen veranstalte ich auch Partys hier. Was mir an Bonn sehr gefällt ist, dass Bonn eine schöne Stadt mit verschiedenen Seiten ist. Die Südstadt ist architektonisch eine meiner Lieblingsecken in Bonn. Hier trifft man auf verschiedene Menschengruppen, es ist multikulturell. Das mag ich sehr. Ich lebe sehr gern in Bonn.

Wenn ich an meinen freien Tagen Zeit habe, komme ich in den Hofgarten, um hier abzuschalten. Dieses Ambiente mit der großen Wiese gefällt mir sehr gut. Man trifft hier immer interessante Menschen.

HIER GEHT'S ZUM VIDEO!

LIEBLINGSORT

HOFGARTEN

ANNIKA THIERFELD (28)

ANGESTELLTE,
BAD NEUENAHR-AHRWEILER (RHEINLAND-PFALZ)

Ich habe in Bonn bereits mein Abitur gemacht und bin dann für meine Ausbildung in der Werbung nach Koblenz gezogen. Doch Bonn fehlte mir, daher habe ich mir nach einigen Jahren eine Stelle hier in der Gegend gesucht und freue mich sehr, wieder hier zu sein. Bonn hat alles, was eine Stadt braucht – wunderschöne Orte zum Entdecken, den Rhein, eine umfassende Kulturlandschaft und nette Menschen. Trotzdem ist Bonn urig-gemütlich und lässt diesen anonymen Großstadt-Charakter vermissen – das finde ich schön. Als meine große Leidenschaft betreibe ich nebenberuflichen einen Genuss-Blog und lerne dadurch ständig tolle neue Genuss-Orte und interessante Menschen kennen. In Bonn wird es nie langweilig.

Die Rheinaue! Sie erinnert mich an den Sommer, Festivals, Sonnenschein und Menschen, die im Gras sitzen und grillen. Hier kann man Luft holen und die Natur genießen. Der Japanische Garten als Teil der Rheinaue hat etwas Geheimnisvolles und ist, besonders im Mai, prachtvoll anzusehen.

HIER GEHT'S ZUM VIDEO!

LIEBLINGSORT
JAPANISCHER GARTEN, RHEINAUE

CHARLOTTE JAHNZ (26)

COMMUNITY MANAGERIN,
MESCHEDE (NRW)

Ich bin zum Studieren nach Bonn gekommen. Die Stadt hat bei der Entscheidung für eine Uni eine sehr große Rolle gespielt und weil ich Bonn vorher schon mal besucht hatte und sehr schön fand, fiel die Entscheidung leicht. An Bonn mag ich, dass es größer ist als die Stadt aus der ich komme, aber gleichzeitig auch nicht riesig. Und wenn man es mal größer haben möchte, ist die Domstadt ja gleich nebenan.

Mein Ort ist der Alte Friedhof. Ich finde ihn zu jeder Jahreszeit sehr schön, dabei ist es seine Lage ja gar nicht. Auf der einen Seite die Schienen, auf der anderen Seite das nicht ganz ansehnliche Stadthaus und dann der Alte Friedhof, der für mich ein wenig wie der geheime Garten ist. Man taucht da plötzlich in die Vergangenheit ein und kann sich anhand der Grabsteine Geschichten ausdenken. Wer liegt da? Welche Lebensgeschichte hatte er oder sie wohl? Und bei den ganz berühmten Gräbern, kann man nachher die Lebensgeschichte sogar nachlesen.

LIEBLINGSORT
ALTER FRIEDHOF

DAGNY POSER (41)

MITARBEITERIN BEI CROP TRUST, SEIFERSDORF (THÜRINGEN)

Bei mir war es die Liebe, die mich nach Bonn verschlagen hat. Ich verliebte mich nicht nur in den tollsten Mann Bonns, sondern auch sofort in die Stadt, aus der er kommt. Es war Liebe auf den ersten Blick in jederlei Hinsicht. Ich habe an vielen Orten in dieser Welt gelebt. Ob New York, München, London, Göteborg – in keiner Stadt habe ich mich so daheim und angekommen gefühlt wie in Bonn. Obwohl Bonn im Vergleich zu den Metropolen, in denen ich vorher gelebt habe, eine Kleinstadt ist, hat es mich sofort gefangen. Es ist klein jedoch international.

Die Mischung aus Einheimischen (Rheinländern) und aus anderen Nationalitäten ist genau was ich zum wohlfühlen benötige. Bonn ist überschaubar und doch entdeckt man immer wieder etwas Neues. Es hat ein großes Repertoire an Geschichte und Kultur. Ich habe viele interessante und nette Leute hier kennengelernt und freue mich jeden Tag, in dieser Stadt zu leben. Ich kann mir derzeit keinen anderen Ort zum residieren vorstellen.

Für mich war das Derletal schon immer eine Oase der Ruhe, in der ich zu mir finden, Energie tanken, den Gedanken freien Lauf lassen und wo ich einfach nur ein Stück Natur genießen kann. Ob morgens oder abends, ob Sommer oder Winter – es ist zu jeder Tages- und Jahreszeit reizvoll. Es strahlt eine unheimliche Ruhe auf mich aus. Morgens, wenn der letzte Nebel emporsteigt und der Tag erwacht, ist es geheimnisvoll, tagsüber ist Leben im Tal, mit Hunden, die über die Wiesen laufen, Kindern, die spielen und Spaziergängern, die die Natur genießen, bis sich abends wieder ein besonderer Zauber darüber legt und alles ruhig wird. Ich liebe es, mich dort mit einem guten Buch auf die Wiese zu legen und zu lesen und nach einem langen Tag im Büro gibt es nichts Schöneres, als dort zu laufen und die frische Luft und die Natur zu genießen. Das Derletal ist etwas besonderes, eine kleine grüne Oase der Ruhe am Rande der Stadt Bonn.

LIEBLINGSORT
DAS DERLETAL

DIRK GEIL

(46)

MUSIKER UND EVENTPLANER, OLDENBURG (NIEDERSACHSEN)

Hallo ich bin Dirk Geil. Erfinder des „Bonn Stomp" und moderner Rock'n'Roller. Ich habe es mir zur Aufgabe gemacht, mit meiner kleine Konzertreihe dem schnöden Ausgehalltag Bonns etwas entgegenzusetzen, das sich gleichermaßen durch Stil und Primitivität auszeichnet. Seit meinem 14. Lebensjahr lebe ich in Bonn und musste immer wieder für musikalische Erlebnisse der „besonderen Art" diese Stadt verlassen.

So habe ich einen großen Teil meiner Bonner Jugend im Nachtleben von Köln verbracht. In Bonn gibt es für einen Menschen, der Musik liebt, die sich fern von Trends und Massengeschmack bewegt, so gut wie keine Angebote. Irgendwann war mir klar, dass ich entweder Bonn den Rücken kehren muss, oder diese fehlenden Angebote selber korrigieren muss. Der „Bonn Stomp" wurde geboren.

Fünf Jahre lebte ich im Rahmen meines Zivildienstes und meiner Arbeit in der Landesklinik (heute LVR-Reinische Kliniken). 1988 war die ursprüngliche, kaiserzeitliche Nerven-und Heilanstalt verlassen, die heute bekannte Klinik fertig gestellt und der Park nur einigen Bonnern bekannt. Mittlerweile ist das alte Klinikgelände renoviert, verkauft und vermietet und dadurch ist auch der Park etwas öffentlicher geworden. Heute bin ich noch häufig dort und genieße oft auch mit meiner Familie diesen meinen Bonner Lieblingsort.

LIEBLINGSORT
PARK DER LVR-LANDESKLINIK

HANS-JOACHIM OVER (52)

BEAUFTRAGTER FÜR ROCK- UND POPMUSIK DER STADT BONN, ALFTER (NRW)

Bonn ist für mich einfach „die Stadt": Groß genug, um etwas in ihr zu unternehmen und doch noch überschaubar und menschlich. Du kannst hier alles zu Fuß oder mit dem Fahrrad machen und trotzdem städtisches Flair genießen.

Ich habe hier das Gymnasium besucht und mit einem kleinen Intermezzo immer in Bonn oder Umgebung gewohnt, habe mitbekommen, wie sich die Stadt entwickelt und verändert hat, quasi berufsmäßig erfahren, wie viele Menschen sich hier engagieren, wie viele Initiativen es gibt und sich neu bilden. Dabei erlebe ich immer wieder Überraschendes und Begeisterndes. Allein deshalb ist mir Bonn ans Herz gewachsen.

HIER GEHT'S ZUM VIDEO!

Zusammen mit dem Schloss und der Allee mitten in der Stadt ist dieser Ort eine Oase der Besinnung, ein Treffpunkt, ein Platz zum Nachdenken, eine historische Achse, die im Jetzt lebt, ein Platz, der die (kurfürstliche) Vergangenheit mit der Zukunft (Universität) verbindet.

Hier finde ich Ruhe, hier habe ich mich hingesetzt und geträumt, überlegt, wenn es darum ging, Entscheidungen zu treffen. Dazu steht diese Achse auch für urbanes Leben, von den Veranstaltungen im Schloss am Anfang der Achse, bis zum anderen Ende, dem Stadtgarten und dem Alten Zoll mit seinen Konzerten.

LIEBLINGSORT
POPPELSDORFER WEIHER

KRISTIN AUER (38)

DIPLOM-PÄDAGOGIN,
EINBECK (NIEDERSACHSEN)

Ich arbeite im „Wissenschaftsladen Bonn" und bin deswegen – nach einer längeren Reise von Münster nach Bielefeld über den Westerwald ins Rheinland – vor fünf Jahren in Bonn gelandet, gestrandet, geblieben.

Ich habe mich schnell in diese besondere Mischung aus Freiheit, Bürgerlichkeit, Politischem, Multikulti, Frohsinn, Naturnähe und Überschaubarkeit verliebt.

HIER GEHT'S ZUM VIDEO!

Der Rhein als großer Arm, der zu meiner geliebten Nordsee führt. Die Bahn, die mich in einer halben Stunde kölsche Luft atmen lässt. Die Rheinauen, ein wundervolles, einmaliges Naherholungsgebiet. Das Siebengebirge für die luftige Aussicht...

Ich bin gern am Wasser und zugleich in der Nähe von Bäumen. Bäume als stille Freunde und Begleiter des Menschen: In den Rheinauen kann ich beides genießen. Und in den krüppeligen Bäumen können sogar wir „Erwachsene" noch herumklettern und das Kind in uns zum Strahlen bringen.

LIEBLINGSORT
HÄNGE-BUCHE IN DER RHEINAUE

Gesichter-Bonns.de
Beatrice Treydel

LINDA ADORNO ③

ARCHÄOLOGIN,
SIZILIEN (ITALIEN)

Mein beruflicher Weg hat mich an diesen wunderschönen Ort gebracht – nach Bonn, in eine Stadt, die für mich Freiheit, Heiterkeit und intensive menschliche Beziehungen bedeutet. Vor zwei Jahren bin ich hier her gekommen, um meine Doktorarbeit an der Universität zu beginnen. Und da war ich: Eine Italienerin, die allein ist, die sich von ihren starken familiären Bindungen entfernt, von ihrer Liebe, von ihrem Land und von dem, was sie innig liebt – das Meer!

Am Anfang war es ziemlich schrecklich. Es war schwierig, mich an einem Ort zurecht zu finden, der so anders als meine Heimat ist. Ganz allein und mit vielen Kommunikationsschwierigkeiten. Aber in dieser Stadt zu leben hat mich einen Teil in mir erkennen lassen, den ich nicht kannte. Und zwar sowohl den Mut und die Kraft, die Schwierigkeiten zu überwinden, als auch den Optimismus und die Liebe, neue Dinge zu entdecken. Tag für Tag fühlte ich, dass es mir besser ging. Die Farben des Frühlings, die langen Spaziergänge entlang des Rheins, die Museumsbesuche, die unerwarteten Begegnungen mit Menschen, die jetzt ein Teil meines Herzen sind. Ich habe angefangen, deutsch zu sprechen und das alles hat mein Leben mit noch mehr Farben erfüllt. Jetzt, wo ich nach Italien zurückgekehrt bin, denke ich oft an Bonn, an das was es mir gegeben hat und mir vielleicht noch geben wird.

Der Panoramapark ist der erste Ort, an dem ich in Bonn spazieren gegangen bin. Hier bin ich oft entlang gelaufen, oder habe hier angefangen, die Gegend mit dem Fahrrad zu erkunden. Dieser Ort hat mir Ruhe gegeben und mir in schwierigen Zeiten geholfen. Der Blick auf den Fluss hat mir geholfen, meine Sehnsucht nach dem Meer in Italien zu überwinden. Die schönen Rasenflächen und Blumen haben meine Gedanken gefärbt!

LIEBLINGSORT

PANORAMAPARK IN BAD GODESBERG

MAKEDA MICHALKE ㉕

SÄNGERIN,
BONN

Ich wohne seit ich klein bin mit meiner Familie in Bonn, es ist schon immer mein Zuhause gewesen und ich fühle mich hier wohl. Durch den Umzug der Bundesregierung sind wir ein Jahr lang nach Berlin gegangen, nur um zu merken, dass uns Bonn wirklich fehlt. Bonn hat genau die richtige Größe, schöne Parks und einfach eine Atmosphäre, in der man sich sicher fühlen kann. Ich wohne jetzt teils in Bonn, teils in Köln und trotzdem komme ich immer gerne zurück – 'cause there's no place like home!

Ich sitze gerne in der Lichtung und schreibe Songs, weil die Bäume in einem wunderschönen Kreis angeordnet sind. Wenn ich mich einsam fühle, kann ich mich dort geborgen fühlen und zur Ruhe kommen. Wenn das Licht richtig fällt, ist es dort so idyllisch, dass ich nachdenken und auch Songs und Gedichte schreiben kann.

HIER GEHT'S ZUM VIDEO!

LIEBLINGSORT
LICHTUNG IN DER RHEINAUE

Gesichter-Bonns.de
Beatrice Treydel

MARKUS NUSSBAUM (45)

BUSINESS ANALYST BEI EINER VERSICHERUNG, BONN

Als Hobby-Familienforscher beschäftigt man sich neben seinen Ahnen auch viel mit deren Herkunft. Und da meine Familie nun in sechster Generation in Bonn ansässig ist, identifiziere ich mich sehr stark mit „meiner" Stadt und ihrer Geschichte. Im Vergleich zu größeren Städten wie Köln oder Düsseldorf schätze ich an Bonn das Überschaubare, Gemütliche und bin immer froh, wenn ich hierher zurückkomme. Außerdem habe ich eine waschechte Bonnerin im Bonner Münster geheiratet und mit ihr zwei Bonner Mädchen großgezogen. Und ich arbeite seit über 25 Jahren bei einem in Bonn ansässigen Unternehmen. Mehr Bonn geht also kaum...

Der Botanische Garten ist ein wunderschöner Ort der Erholung mitten im lebhaften Poppelsdorf, wo ich seit 1996 mit meiner Frau und meinen Töchtern wohne. Vor allem als die beiden noch klein waren, war das der Ort, wo wir mit den Kinderwagen stundenlang spazieren gingen und wo wir auch heute noch gerne unsere Runden drehen. Egal ob im Regenwaldhaus, dem Kakteenhaus oder im Außengelände, bei jedem Besuch kann man etwas Neues entdecken. Ich glaube, wir sind schon jeden Weg dort mehrmals abgelaufen und es wird uns trotzdem nie langweilig. Und weil es uns dort so gut gefällt und wir die Arbeit der Universität dort unterstützen möchten, sind wir vor einigen Jahren Mitglieder im Freundeskreis Botanische Gärten Bonn geworden.

LIEBLINGSORT
BOTANISCHER GARTEN

Gesichter-Bonns.de
Beatrice Treydel

NAMAKAU MANDULI (24)

EVENTMANAGERIN,
LUSAKA (SAMBIA)

Mit zehn Jahren bin ich mit meiner Mama nach Bonn gezogen und konnte damals kein Wort Deutsch, kannte niemanden außer meiner Familie und musste mich in einer neuen, fremden Welt mit einer fremden Sprache zurechtfinden.

Allen Widerständen zum Trotz habe ich relativ schnell Deutsch gelernt, mein Abitur abgelegt und mein Studium beendet. Meine Identitäten sind zwar gemischt aber ich weiß, dass Bonn meine „erste zweite" Heimat ist. Hier spielt sich mein Leben ab und ich bin ein stolzes bönnsches Mädchen, hier komme ich her und hier ist mein Zuhause.

HIER GEHT'S ZUM VIDEO!

Ich liebe die Poppelsdorfer Allee, hier fühle ich mich in Bonn am wohlsten.

Ich bin gerne mitten im Geschehen und am Puls des Lebens. Die Poppelsdorfer Allee ist für mich wie ein Symbol dafür, dass Geschichte und Moderne sich super ergänzen. Wenn ich mir die Poppelsdorfer Allee anschaue, dann stelle ich mir gerne vor, wie die Allee entstanden ist, wie die Kutschen entlang gefahren sind und wie sich die Allee über die Jahre verändert hat. Hier kann ich träumen und mich gedanklich in andere Zeiten versetzen und einen Vergleich zu heute ziehen.

LIEBLINGSORT
DIE POPPELSDORFER ALLEE

PASCHA POURIAN (31)

KOCHKURSMODERATOR, CONNAISSEUR UND GASTRONOM, ANDERNACH (RHEINLAND-PFALZ)

Aufgewachsen bin ich in Andernach, dann habe ich Zivildienst und Ausbildung in Bad Neuenahr-Ahrweiler durchlebt und bin als junger, ambitionierter Koch immer weiter nördlich bis ins schöne Bonn gewandert. Der Charme, den Bonn als „WG-Stadt" versprüht hat, fesselte mich dann so sehr, dass es zu meiner Wunsch-Heimat wurde und ich meinen Lebensmittelpunkt hier gefunden habe. In meinem Freundeskreis passiert es häufiger mal, dass wir uns an den unterschiedlichsten Orten zum gemeinsamen Essen, Trinken, Grillen verabreden.

Dabei sitzen dann Familienväter, spießige Beamte, verrückte Lebenskünstler und ganze Patchworkfamilien zusammen und jeder schenkt jedem die gleiche Anerkennung und Achtung. Das ist für mich einzigartig an „meinem" Bonn. Der Wunsch nach einem Haus mit großem Garten hat sich dann im Siebengebirge verwirklichen lassen. Damit ist der Lebensmittelpunkt Bonn und das idyllische Landleben sehr gut miteinander verwoben.

HIER GEHT'S ZUM VIDEO!

Der Nutzpflanzengarten der Uni Bonn ist in meinem Studium der Ernährungswissenschaften in mein Bewusstsein gerückt. Die Möglichkeit, einheimische Pflanzen in ihrer gesamten Entwicklung beobachten zu können hat mir Mut gemacht, es selbst ausprobieren zu wollen und sie anzupflanzen.

Seit ich einen großen Garten habe, nutze ich diesen jedes Jahr aufs Neue, um eine essbare Landschaft zu kreieren, in die ich möglichst wenig eingreifen muss. So wachsen neben Kartoffeln, Kohlrabi, Radieschen und Wirsing auch Gewürzkräuter und Heilpflanzen direkt hinter dem Haus. Der Nutzpflanzengarten ist dabei zum einen Inspiration, zum anderen schaue ich mir hier das fachlich korrekte Handwerk ab. Wenn ich in Bonn etwas Zeit erübrigen kann, so laufe ich gerne durch den Nutzgarten und schöpfe Mut, dass eine extensive teilautarke Gemüseversorgung ein Modell für die Zukunft sein könnte. Neben solidarischen Landwirtschaften und Urban Gardening Communities ist dies eine Oase für Autodidakten. Wie hätte ich sonst jemals erfahren, dass die „Vorgebirgstraube" meine Lieblingsgurke ist?

LIEBLINGSORT
DER NUTZPFLANZENGARTEN

ULA L. ③⑤

ÜBERSETZERIN,
DABROWA GORNICZA (POLEN)

Mein Interesse für die deutsche Sprache brachte mich nach Bonn und so begann meine Liebe zu Bonn. Alles fing an mit einem Deutschkurs, danach kam das Studium. Ursprünglich dachte ich, ich gehe zurück nach Polen. Aber der Charme der Stadt und die Menschen, die hier wohnen, haben mich so verzaubert, dass ich mir nicht vorstellen kann, diesen Ort freiwillig zu verlassen. Hier fühlt man sich einfach wohl. Man kann über Bonn sagen: „Klein aber fein". Man findet hier alles, was man braucht. Mit dem Fahrrad kann man fast alle Ecken von Bonn erreichen. Hier trifft Natur, Wissenschaft und Wirtschaft auf Geschichte und Kultur.

Mein Lieblingsort in Bonn ist der Alte Zoll. Genau gesagt die Wiese unter den drei großen Buchen. Dieser Ort ist wie herausgeschnitten aus einem Märchen. Hier findet man an heißen Sommertagen schönen Schatten und man hat von hier einen wunderbaren Blick auf den Rhein. Als Studentin hatte ich nur ein kleines Zimmer, wo es nicht so viel Platz zum Feiern gab. So wurde dieser magische und malerischer Ort jedes Jahr zu dem Ort, an dem ich meinen Geburtstag gefeiert habe. Deswegen verbinde ich mit diesem Ort immer gute Laune, nette Menschen und leckeres Essen und Trinken.

LIEBLINGSORT
DIE WIESE AM ALTEN ZOLL

Gesichter-Bonns.de
Beatrice Treydel

LIEBLINGSORT
ERINNERUNGEN

Auf den ersten Blick scheint diese Kategorie wenig trennscharf, denn alle hier im Buch versammelten Gesichter verbinden mit den von ihnen ausgewählten Lieblingsorten Erinnerungen. Was wir in dieser Rubrik abzubilden versuchen, sind daher Orte der Nostalgie. Orte der Vergangenheit. Und auch Orte, die man heute nicht mehr betreten kann, egal wie sehr man sich das auch wünscht und egal wie lebendig die Erinnerung an diesen Flecken Bonns auch ist.

Unter diese „verlorenen Orte" fällt beispielsweise die Hans-Riegel-Halle, die vielleicht besser als das Haribo-Center in Erinnerung geblieben ist. Kurz nachdem die Fotos von Oliver hier an seinem Lieblingsort geschossen waren, legten auch schon Baumaschinen dieses Kleinod des Badmintonsports in Kessenich in Schutt und Asche. Auch Saschas Lieblingsort am Rhein lebt nur in seiner Erinnerung fort: „Sam's Cafe", von wo aus er als Student gerne bei einem Kaffee auf den Rhein geschaut hat, ist heute ein Seniorenheim. Auch für Prinz und Bonna wird sich das Erlebnis, vom Prinzenwagen herab den jecken Bonnerinnen und Bonnern zu winken, nicht wieder

herstellen lassen. Natürlich sind in diesem Buch auch Erinnerungsorte, die die Gesichter tatsächlich an etwas erinnern, das noch lebendig und schön ist. Zum Beispiel erinnert der Blumenstand zwischen Uni und Kaiserplatz Kabarettistin Margie Kinsky an ihre Heimat Italien. Oder der Adenauerkopf, der für die in der ehemaligen DDR geborene Marlies für Freiheit und Einheit steht.

Eine meiner Lieblingsgeschichten in diesem Abschnitt des Buches, ja sogar vielleicht eine meiner Lieblingsgeschichten zu einem Lieblingsort der Gesichter überhaupt, ist die Geschichte der erblindeten Autorin Britta Merkle-Lücke: Ihre Erinnerung an den Langen Eugen, in dessen 22. Stockwerk sie früher gearbeitet hat, ist anders. Ihre Erinnerung ist gestützt auf Geruch, Klang und Gefühl, den der Lange Eugen ihr bietet.

Als Bea und ich uns mit ihr, die in Begleitung ihres Mannes war, zum Fototermin im sonst nicht so ohne weiteres zugänglichen, heute von der UN genutzten Langen Eugen trafen, herrschte dichtester Nebel. Ein Nebel so verschleiernd, dass man vom Langen Eugen

fast nicht den unmittelbar in der Nähe liegenden, sonst in ganz Bonn nicht zu übersehenden Post Tower ausmachen konnte.

Fotografisch war der Nebel eine Katastrophe, sollte man auf den Bildern doch sofort sehen könne, wie hoch und weit man von hier aus über Bonn blicken kann. Dramaturgisch passte der Nebel aber unglaublich gut: Schließlich konnten wir Sehenden so in etwa erahnen, was Frau Merkle-Lücke verloren gegangen ist.

Christian Mack

Die U-Bahn

Der Marktplatz

Der Pranger

Der Poller

Pützchens Markt

Der Blumenstand an der Uni

Sam's Café

Der Prinzenwagen

Der Steinbruch in Oberkassel

Langer Eugen

Die heimische Terasse

Alter Friedhof Kessenich

Das Haribo-Center

Das Konrad-Adenauer-Denkmal

Die Halfpipe

Der Kottenforst

BEATRICE TREYDEL ⓐ28

IT-BERATERIN, EISENBERG (THÜRINGEN)

Ich habe bereits an vielen Orten Deutschlands gewohnt und gearbeitet. So auch in Mannheim, Mainz, Frankfurt, Köln oder in dem kleinen liebenswerten Kaff in Thüringen, aus dem ich ursprünglich stamme. Aber nirgendwo habe ich mich bisher so daheim gefühlt, wie in Bonn. Besonders fasziniert mich, dass diese Stadt trotz ihrer Überschaubarkeit so viel Leben, Geschichte und Flair hat. Ich fühle mich wohl hier zwischen den Rheinländern und den Menschen aus aller Welt. Deshalb entstand auch meine Idee, zu zeigen, was alles in Bonn steckt. „Gesichter Bonns" – das ist mein Portraitprojekt. Meine Liebeserklärung an Bonn und die Menschen, die hier leben.

Mein Lieblingsort in Bonn ist der Pranger am Bonner Münster – diese Säule mit der Kugel oben drauf. Es ist nicht so, dass ich den ganzen Tag hier verbringe, aber ich verbinde eine schöne Erinnerung damit. Als mein Freund einen Treffpunkt für unser erstes Date auswählen wollte, waren ihm die typischen Plätze zu langweilig, deshalb hat er den Pranger vorgeschlagen. Ich hatte das gute Stück bis zu unserem Treffen ehrlich gesagt noch nicht einmal wahrgenommen. Aber heute kann ich sagen: Ohne den Pranger hätte es vielleicht das Projekt Gesichter Bonns nie gegeben. Auf jeden Fall wäre es ohne Christian nicht möglich geworden.

LIEBLINGSORT

DER PRANGER AM BONNER MÜNSTER

ARNO SCHATZ ⑤⑭

VERWALTUNGSANGESTELLTER, „WIESENWIRT" UND „KARNEVAL-PAPARAZZI", BONN-BEUEL

Ich bin in Bonn geboren oder genauer gesagt in Pützchen (was ohne Krankenhaus zwar schwierig ist, aber es war gefühlt hier). Groß geworden bin ich in Pützchen und als Koch nach Borkum ausgewandert (immer noch die richtige Rheinseite) und das Heimweh hat mich wieder nach Pützchen gezogen. Dann Ausbildung zum Groß- und Außenhandelskaufmann und später dann beim DLR e.V. in die IT-Verwaltung.

In Pützchen bin ich geboren und groß geworden und somit habe ich dieses Jahr zum 54. Mal den Auf- und Abbau sowie den Spielbetrieb von Pützchens Markt erlebt. Diesen Duft von Zuckerwatte gemischt mit Champignons und Currywurst. Menschen die voller Vorfreude auf den Jahrmarkt kommen, das Lächeln im Gesicht, die Freude der Kinder. Für mich unbeschreiblich. Mein Vater war über 20 Jahre lang Wirt auf Pützchens Markt und ich bin es nun auch schon 28 Jahre. Dieses Gefühl, Anlaufpunkt für drei oder vier Generationen zu sein, treibt mir gerade die Tränen in die Augen vor Freude.

Wenigstens einmal im Jahr treffen sich Familien mit den Opas und Omas und Enkeln und Urenkeln und Freunden hier bei den „Wiesenwirten" an der Bierbude. Dieses generationenübergreifende Erlebnis genieße ich jedes Mal sehr – man muss es einfach erlebt haben!

HIER GEHT'S ZUM VIDEO!

LIEBLINGSORT
PÜTZCHENS MARKT

CHRISTIAN MERINGOLO (27)

MUSIKER,
BONN

Bonn ist mein Geburtsort und meine Heimat. Kindergarten, Schule, Zivildienst, Ausbildung und Beruf: Alles hat hier stattgefunden. Beide Elternteile haben sich in Bad Godesberg kennen gelernt, nachdem sie in den späten Siebzigern aus Italien ausgewandert sind. Bonn bot ihnen eine Perspektive und Sicherheit. Das Gleiche wird heute noch mir geboten.

Bonn ist vielseitig und dennoch übersichtlich. Es gibt von allem etwas, aber von nichts zu viel. Die Vielseitigkeit dieser Stadt spiegelt sich in den Menschen, der Natur, den kulturellen Freizeitangeboten, genauso wie in der Gastronomie, dem Sport und der Musik. Bonn gibt mir das authentische Gefühl, zu Hause zu sein.

HIER GEHT'S
ZUM VIDEO!

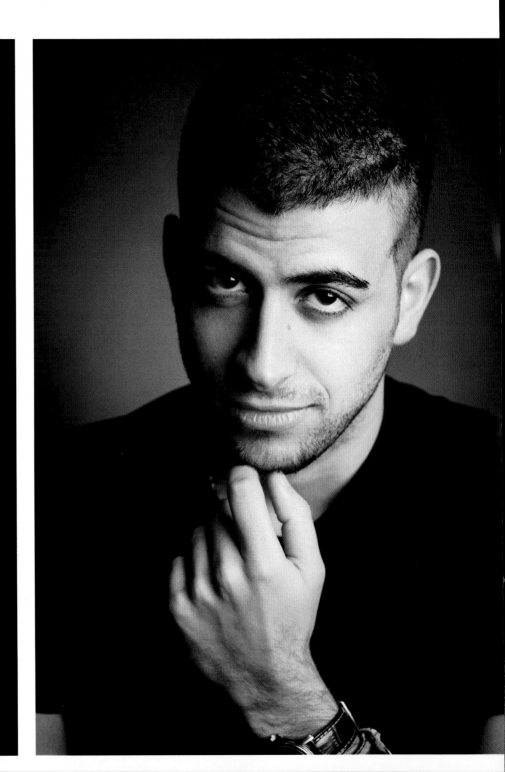

Nach dem Ende einer langjährigen Liebesbeziehung, meiner ersten großen Liebe, wurde dieser Waldweg zum Zufluchtsort, den ich regelmäßig zum Joggen bei gleichzeitigem Musikhören aufsuchte. In diesem Zeitraum entstanden die musikalischen Ideen für mein erstes Studioalbum «Crescendo» von 2009. Die Laufstrecke ist sehr steil und es bedarf einiger Kilometer, bis man erstmalig wieder eine horizontale Ebene erreicht. Wenn man diese Ebene erreicht hat, entsteht das Gefühl, dass man es geschafft und den schweren Abschnitt hinter sich gelassen hat. So, wie bei der Bewältigung einer Liebeskummerphase. Der Pionierweg wird mich stets an diese Zeit und die Überwindung derselben erinnern.

LIEBLINGSORT
PIONIERWEG IM KOTTENFORST

NORA JORDAN (38)

BONN

Ich bin in Köln geboren, aber schon mit drei Monaten nach Bonn gezogen. Mittlerweile ist Bonn seit 38 Jahren meine Heimat und ich fühle mich dieser Stadt sehr verbunden. Eine wunderschöne Stadt mit viel Grün, einer tollen Architektur, dem Rhein, welcher immer wieder ein schönes Ziel ist, aber auch die Nähe zum Siebengebirge und der Eifel machen Bonn ausgesprochen lebens-wert. Eine Stadt mit viel Kultur und Herz! Besonders machen aber die Menschen, welche hier leben, die Stadt aus. Bönnsche Frohnatur gepaart mit herzlicher Offen-heit! Ich liebe diese Stadt und vor allem die Menschen hier und kann mir keinen schöneren Ort wünschen, an dem ich mit meiner Familie leben möchte!

DR. JÜRGEN RÖMER

ORTHOPÄDE UND DIPLOM-SPORTLEHRER,
BONN

An Bonn liebe ich vor allen Dingen die Menschen, die Offenheit der Rheinländer. Für mich ist Bonn die brasilianischste Stadt Deutschlands und die letzte südliche Bastion des Rheinlandes. Mir gefällt an Bonn die Liberalität der Menschen und ihr ungezwungener Umgang mit Internationalität. Ich mag rheinischen Sauerbraten ebenso wie Mettbrötchen mit Zwiebelchen, Kesselskuchen, „Kölsch" und „Bönnsch" als Getränk und als Sprache. Ich schätze den Kottenforst, die Eifel und das wunderschöne Siebengebirge, wo ich gerne mit meiner Familie wandere. Außerdem liebe ich – und so geht es bestimmt jedem geborenen Bonner – den Rhein. Wenn man an ihm spazieren geht, geht einem das Herz auf. Sowohl auf der einen, wie auch auf der schönen Beueler Seite.

Prinz Jürgen I.

Ich liebe Bonn auch, weil es eine Hochburg des Karnevals ist, weil Bonn so schön den individuellen mit dem großem Karneval verbindet. Ich liebe im bönnschen Karneval das ungezwungene Aufeinanderzugehen von allen Menschen. Egal ob groß oder klein, dunkel- oder hellhäutig, mit oder ohne Behinderung, ob singend, lachend, tanzend oder humpelnd und krank. Bonn ist außerdem nicht zu groß, als das man im Karneval nicht alle Menschen wiederfindet und trifft.

Besonders bewegend war für mich der Moment, wo wir als „Prinz und Bonna" am Rosenmontagszug das Defilee aller Zugteilnehmer abgenommen haben. Eine Herzlichkeit der Begegnung von ungeheurem, bleibenden Wert. Auch das unterscheidet Bonn von vielen anderen Karnevalshochburgen. Ich liebe diesen „bönnschen Fastelovend", seine Liebenswürdigkeit, seine Ungezwungenheit, seine Erinnerungsmentalität, sein angenehmes, genießerisches Verharren im Moment, liberal, ja fast brasilianisch.

LIEBLINGSORT
PRINZENWAGEN AUF DEM ROSENMONTAGSZUG

Bonna Nora I.

Mein Lieblingsort, der Prinzenwagen, stellt für mich den Abschluss einer wundervollen Session dar, welche ich als Bonna Nora I. erleben durfte. Als Symbolfigur für den Bönnschen Fastelovend stehen zu dürfen, hat mir wahnsinnige Freude bereitet und mir einen ganz eigenen Einblick in unsere Stadt und die Menschen hier gegeben! Auf dem Prinzenwagen durch die Straßen Bonns zu fahren und in all die strahlenden und lachenden Gesichter zu schauen, war ein ganz besonders schönes Erlebnis und hat mich spüren lassen, wie viel Freude und schöne Momente der Karneval den Menschen bereitet. Auf einzigartige Art und Weise verbindet der Karneval eine Vielzahl unterschiedlicher Menschen und lässt sie alle gemeinsam lachen, singen, tanzen und feiern! Aber nicht nur das, sondern auch karitative und soziale Faktoren spielen eine große Rolle. Für mich war es das größte Geschenk, dass ich ein Teil davon sein durfte und Herzlichkeit und Wärme entgegennehmen aber auch geben durfte!

DOMINIK GAIDA (30)

JOURNALIST,
LEVERKUSEN (NRW)

Vor über zehn Jahren habe ich Bonn das erste Mal wahrgenommen. Zum Studium kam ich damals in die Stadt. Und habe mich direkt verliebt. In das Uni-Hauptgebäude, in den Hofgarten, in den Rhein und in alles andere auch. Besonders fasziniert bin ich von der Kompaktheit der Stadt. Obwohl so viele Menschen hier leben, kann man doch jede Ecke der Stadt einfach erreichen. Dafür da ist die U-Bahn.

HIER GEHT'S ZUM VIDEO!

Ich liebe es, mit der U-Bahn zu fahren. Die Menschen zu erleben, die Gerüche der verschiedenen U-Bahnwagen zu erleben. Die Farbe der U-Bahn-Stationen im Haupttunnel zwischen dem Hauptbahnhof und der Museumsmeile zu erleben. Oder mit der Linie 66 über die beiden Rheinbrücken zu fahren. Für mich ist die U-Bahn eine Kontaktstelle. Zwischen Bonn und den Menschen. Und mir.

LIEBLINGSORT
DIE BONNER U-BAHN

ERICA LONG- MICHALKE (58)

ÜBERSETZERIN,
SAN FERNANDO (TRINIDAD UND TOBAGO)

Vor langer, langer Zeit, nach meinem Studium in Genf, wo ich als Übersetzerin und Dolmetscherin für Spanisch und Französisch ausgebildet wurde, saß ich in Freiburg, frisch verheiratet, gerade Deutsch gelernt, als wir auf eine Stellenausschreibung in der Zeitung aufmerksam wurden. Ein Ministerium in Bonn suchte eine Übersetzerin. Entgegen allen Erwartungen habe ich die Stelle bekommen und landete so in Bonn, wo ich ursprünglich nur drei Jahre bleiben wollte.

Im Jahre 2000 zog ich mit nach Berlin. Sieben Monate später war ich wieder in Bonn und seitdem sehe ich mich als Bonnerin. Bonn hat mir ein Zuhause weit weg von Zuhause (Trinidad) gegeben. Bonn ist freundlich und übersichtlich und die Menschen sind hilfsbereit und warm. Ich fühle mich hier wohl und mit meinen Kindern sicher.

HIER GEHT'S ZUM VIDEO!

Ich habe immer in Rheinauennähe gewohnt. Ich stehe eigentlich nicht so auf Natur, aber es war mein Glück, sofort, als ich nach Bonn kam, an solch einem Ort zu landen. Wenn ich Frust im Büro habe, rede ich hier mit den Bäumen und dann ist der Frust wie weggeblasen.

Ich war oft mit meiner Tochter Makeda im Park als sie klein war, aber hier an der Halfpipe habe ich mit meinem Sohn Menelik noch mehr Zeit verbracht. Hier habe ich viele Jugendliche, inzwischen Männer mit eigenen Kindern, kennengelernt. Das Kennenlernen war nicht einfach, aber langsam gewannen sie Vertrauen und heute möchte ich diese Beziehungen und interessanten Gespräche nicht mehr missen. Die Auszeichnung „Hood-Mutti" erfüllt mich inzwischen mit Stolz, obwohl ich anfangs nicht wusste, was es bedeuten soll.

LIEBLINGSORT
HALFPIPE, RHEINAUE BONN

ISABEL LUDWIG (33)

MEDIZINISCHE FACHANGESTELLTE, BAD NEUENAHR-AHRWEILER (RHEINLAND-PFALZ)

2007 brachte mich die Liebe nach Bonn und trotz Trennung 2008 ließ Bonn mich nicht mehr los. Die Liebe zu Bonn und meinem jetzigen Schatz hält mich weiter in Bonn und das wird sich wohl auch so schnell nicht ändern. Bonn ist klein, aber nicht zu klein, groß, aber nicht zu groß. Einfach eine perfekte Mischung. Ich habe in meiner Zeit in Bonn einige Ecken kennen gelernt, von Beuel über Bad Godesberg bis hin zur Südstadt. Hier fühle ich mich am wohlsten und zu Hause.

Ob sich mitten in der Stadt vom Strom der vielen Menschen mitreißen zu lassen oder an einem der vielen grünen Flecken und Ecken in Bonn für sich alleine abzuschalten, Kraft zu tanken und die Natur zu genießen... in Bonn ist einfach alles möglich!

STEPHAN WOLF (38)

KUNDENDIENST,
BONN

1977 wurde ich auf dem Venusberg geboren. Nach einem kurzen Stopp in Bonn-Beuel bin ich mit meinen Eltern in Meckenheim gelandet. Kurz darauf ging es weiter nach Wachtberg. Hier hab ich den Großteil meiner Kindheit verbracht. Bonn verschwand nie wirklich aus meinem Blickfeld – dank gemeinsamer Spaziergänge und Essen mit meinen Eltern. Bevor es aber dann wieder nach Bonn ging, wurde nochmal ein Zwischenstopp in Mehlem und Meckenheim gemacht. Nach Trennung von meiner Frau landete ich schon wieder in Beuel. In Bonn traf ich dann endlich die Liebe! Mit ihr zusammen bin ich dann in der Südstadt gelandet. Eine kleine Oase der Ruhe. Hier fühl ich mich sauwohl und möchte auch gar nicht mehr weg. Ich bin und bleibe im Herzen ein Bonner.

Die Terrasse unserer ersten gemeinsamen Wohnung, die wir uns mit den Worten «nur mal gucken» angesehen und uns doch sofort verliebt haben, ist unser Lieblingsort in Bonn. Im Juni 2012 zogen wir dort nach kurzen vier Monaten Beziehung ein. Ein Wohlfühlplätzchen, um allein, in trauter Zweisamkeit vom Alltag abzuschalten oder auch Zeit mit Freunden beim chillen, grillen usw. zu genießen.

Unsere Terrasse ist für uns eine grüne Oase mitten in der Stadt, an der immer mal wieder die Außenwelt vorbei rauscht.

LIEBLINGSORT
EIGENE TERRASSE IN DER BONNER SÜDSTADT

KATE MÜSER (35)

TV-MODERATORIN UND JOURNALISTIN, PLEASANTON, KALIFORNIEN (USA)

Der berühmteste Deutsche in Polen, Steffen Möller, hat in seinem Buch „Viva Polonia" treffend gesagt, dass es im Ausland mehr in Ordnung ist, fremd zu sein, als Zuhause. Vielleicht deswegen hat mich das Fernweh schon im Alter von 13 Jahren – wo sich jeder fremd fühlt – gepackt. Eigentlich wollte ich nach dem Klavierstudium ins romantische Paris, aber durch einen Umweg über Wien habe ich die deutsche Sprache (die leider von Muttersprachlern immer noch unterschätzt wird) lieben gelernt. Mit den Deutschen hat es ehrlich gesagt etwas länger gedauert. Alle meinten, das Rheinland sei so aufgeschlossen. Aber als gebürtige Kalifornierin war ich es gewohnt, in Läden mit einem Lächeln begrüßt zu werden und mich mit neuen Bekannten schnell zu verabreden. Trotz einer Unterbrechung in New York City wegen eines zweiten Studiums bin ich Bonn treu geblieben. Fußgänger weg vom Radweg, pünktlich statt „fashionably late", und Genetiv ist dem Dativ sein Tod – ich habe mir Mühe gegeben, mich hier so gut zu integrieren, dass ich mich mittlerweile frage: Wie viel von der Amerikanerin in mir ist noch da? Nach zwölf Jahren im wunderschönen Bonn gilt es, beides zu sein. Oder vielleicht keines. Letztendlich bin ich weder deutsch noch amerikanisch, sondern „just Kate".

Liebe auf den ersten Blick: Ich hätte nie gedacht, dass es mir passiert – vor allem nicht im Fitnessstudio. Bei der ersten Begegnung tauschten wir nur Vornamen aus. Aber bei der zweiten Begegnung kurz vor Silvester 2011/12 wurde es sogar filmreif. Er powerte sich im Spinningkurs aus als er sah, dass ich gerade das Studio verließ. Die Chance wollte er trotzdem nicht verpassen: Er ist vom Fahrrad gesprungen, die Treppe runter und durch das ganze Studio zum Ausgang gerannt, um mich gerade noch zu erwischen und mir einen guten Rutsch zu wünschen. Wir verabredeten uns zum ersten Date am 01.01.2012 – Treffpunkt: der Marktplatz vorm Fitnessstudio – und heirateten zehn Monate später. An unserem Hochzeitstag haben wir eine kleine Stadtführung für unsere Gäste organisiert, da die meisten nicht aus Bonn kamen. Der Ort, wo alles anfing, durfte dabei natürlich nicht fehlen.

HIER GEHT'S ZUM VIDEO!

LIEBLINGSORT
FITNESS FIRST/DER MARKTPLATZ

Gesichter-Bonns.de
Beatrice Treydel

KATHRIN POST ㉟

STEINMETZMEISTERIN UND BILDHAUERIN,
ST. AUGUSTIN (NRW)

Als gebürtige Bonnerin bin ich in St. Augustin aufgewachsen. Schon früher war die Fahrt nach Bonn immer etwas besonderes, es ging in die große Stadt.

Heute sehe ich Bonn als überschaubares Städtchen, bei dem es aber an nichts fehlt. Die einzelnen Stadtbereiche unterscheiden sich sehr und sind dennoch alle so schön nah beieinander. Meine erste Wohnung bezog ich dann mit 19 Jahren in Endenich und lernte beim Kellnern in der Harmonie meinen damaligen Ausbilder kennen, der

mir dort zuerst mal nur einen Praktikumsplatz anbot. Natürlich konnte ich es mir auch nicht nehmen lassen, die Patenschaft für ein Grab auf dem Alten Friedhof zu übernehmen. Immer wieder gerne überquere ich die Brücke von der Schäl Sick über den wunderschönen Rhein, genieße das Panorama Bonns und tauche dann ein in das schöne kleine Städtchen Bonn.

Während meiner Ausbildungszeit durfte ich an so einigen wunderschönen Arbeiten mitwirken. Zum Beispiel wurden sehr viele der Denkmäler vom Alten Friedhof in unserer Werkstatt restauriert, der Wiederaufbau des Bonner Prangers lag auch in unserer Hand und auch die Erstellung eines Steinpollers an der Universität. Dieser Poller aus rheinischer Basaltlava war damals einem Fahrzeug zum Opfer gefallen und musste ersetzt werden. In meiner Ausbildung durfte ich also einen Stein für Bonn erarbeiten, der für sehr lange Zeit an einem festen Ort fest verankert stehen sollte. Mit großem Stolz und reichlich Schweiß formte ich aus dem rechteckigen Stück den runden Poller. Jedes Mal wenn ich in Bonn bin, gehe ich einmal kurz vorbei und schaue, ob er noch unberührt, beziehungsweise unverletzt ist. Denn wer kann schon von sich sagen, dass er einen Teil der Stadt gebaut hat?!?

LIEBLINGSORT
POLLER AN DER UNIVERSITÄT

BRITTA MERKLE-LÜCKE (53)

FREMDSPRACHENKORRESPONDENTIN, WALHEIM (BADEN WÜRTEMBERG)

1984 war Bonn noch Bundeshauptstadt. Ich habe mich damals bei einer politischen Institution beworben – und die Stelle bekommen. So bin ich von einem kleinen Dorf am Neckar in die kleine Stadt am Rhein gezogen. Andere Kulturen und fremde Sprachen faszinieren und begeistern mich.

Dies alles finde ich hier in Bonn. Früher waren es die Diplomaten und Botschaftsangehörigen, heute sind es unter anderem die zahlreichen Mitarbeiter der Vereinten Nationen, die den internationalen Flair nach Bonn bringen.

HIER GEHT'S ZUM VIDEO!

Ende der 80er, als ich noch nicht blind war, habe ich als Abgeordneten-Mitarbeiterin im „Langen Eugen" im 22. Stock gearbeitet. Die Aussicht von dort oben ist grandios. Es ist der schönste Arbeitsplatz, den man sich vorstellen kann. Wenn ich morgens an meinem Schreibtisch saß und durch das große Fenster schaute, erstreckte sich unter mir ein Miniaturwunderland, in dem ich mit den Augen bis weit hinter Bad Godesberg spazieren gehen konnte: Das majestätisch aufragende Siebengebirge und zu dessen Füßen der Rhein, auf dem hin und wieder ein Frachtschiff lautlos dahinglitt. Die Südbrücke, lang und doch so winzig, bunte PKW, die, klein wie Spielzeugautos, zügig den Rhein überquerten. Und drum herum ganz viel Rheinauenpark und im Hintergrund Bad Godesberg.

Heute bin ich zwar blind, aber dieses Bild werde ich nie vergessen. Oft träume ich mich dorthin – an meinen Lieblingsplatz. Das ist meine Liebeserklärung an Bonn.

LIEBLINGSORT
DER „LANGE EUGEN"

Liebe Stefan!!! Bonn is wirklich nett!! Margie ☺

MARGIE KINSKY ⑤⑥

KABARETTISTIN,
ROM (ITALIEN)

Es war 1978 direkt nach meinem Abi an der deutschen Schule in Rom, da kam ich nach Bonn als Au pair Mädchen. Ich bin aus dem Zug Roma Termini-Bonn ausgestiegen und habe als erstes eine Bar zum Kaffeetrinken gesucht. Doch weit gefehlt... In dieser komischen Hauptstadt musst du dich zum Kaffeetrinken hinsetzen! Und: Draußen gibt's nur Kännchen! Das war mein erster Impact mit dieser Stadt. Ich wollte nur ein bisschen bleiben und dann weiter nach München. Weil „is' ja näher an Rom!" Und? Watt is'?! 30 Jahre bin ich nun hier... In der italienischsten Stadt am Rhein! So italienisch ist der Rheinländer, dass Du Dich als Italienerin glatt Zuhause fühlst! Der Rheinländer und der Italiener sind so ähnlich:

„Küsste heut nich' küsste morgen!" Ach ja... Und ich habe hier an der Bonner Uni Romanistik studiert und eine Arbeit über den Regisseur und Dichter Pierpaolo Pasolini geschrieben. Ich habe einen Kanadier kennengelernt, ein Improtheater mit gegründet, sechs (!) Jungs geboren und einen sehr lustigen Job als Kabarettistin gebacken! Jawoll, so gut ist Bonn zu mir gewesen! Es ist nun mein Zuhause. Und wenn ich bei Sonnenschein Kaffeetrinke und auf die Blumen gucke am Kaiserplatz, dann weiß ich: „Si! Questa città e la mia favorita! È casa ! È dove ho pace... Sono felice!" Und außerdem liebe ich Gummibärchen und Eierlikör. Und die sind nun mal auch aus Bonn!

Mein Lieblingsort ist da, wo es bunt ist. Da, wo es immer fröhliche Laune gibt. Und zwar für lau! Für mich ist das der Blumenstand am Kaiserplatz, direkt an der Uni. Die gelben Schirme oben, die bunten Blumen auf dem Boden – dazwischen diese gut gelaunten rheinischen Mädchen! Jolante, Moni und Inge: Bunt, laut, happy. Sie machen Frohsinn, packen ihn ein und du nimmst es mit! Ein Blumenstrauß – so ist das Rheinland. So ist das Glück. So ist mein Lieblingsort!

LIEBLINGSORT

BLUMENSTAND AN DER UNI

MARLIES WAGNER (61)

OBERAMTSRÄTIN IM BUNDESMINISTERIUM FÜR GESUNDHEIT, WITTENBERGE (BRANDENBURG)

1960 sind meine Eltern mit mir und meinem Bruder aus der DDR in den Westen geflohen und haben nach etlichen Umzügen in Bonn eine neue Heimat gefunden. Für mich ein Glücksfall, da mich Geschichte und Politik auf Grund meiner eigenen Biografie sehr interessieren. Gerne besuche ich das Haus der Geschichte in Bonn, wo ich auf den Spuren der Vergangenheit wandern kann. Ich mag die Rheinländer, die – nicht nur im Karneval – zeigen, wie flexibel sie sind.

Mein Lieblingsort ist die Adenauer-Plastik an der Adenauerallee vor dem alten Bundeskanzleramt. Die wichtigsten Stationen im Leben dieses großen Politikers sind in dem überdimensionalen Bronzekopf eingearbeitet. Mich fasziniert sein Leben und Wirken: Noch im Kaiserreich geboren und aufgewachsen, hat er den Untergang der Monarchie, die Weimarer Republik, die NS-Diktatur und schließlich den Aufbau unserer freiheitlichen Demokratie erlebt und mitgestaltet. Wenn ich Besuch habe, führe ich diesen immer gerne über den „Weg der Demokratie" – hier begegnen sich Ost und West und das ist für mich das Verbindende in Bonn.

LIEBLINGSORT
ADENAUER-PLASTIK

OLIVER LANGE (23)

BEAMTER,
BÖHLEN (SACHSEN)

Bonn ist für mich die Tür zur Welt, nach der ich meine ganze Jugend lang gesucht habe. Vor ungefähr einem Jahr schlug ich diese Tür aus beruflichen Gründen auf und bewundere seitdem die Weltoffenheit und Vielfältigkeit der Stadt. Das liegt wahrscheinlich daran, dass Bonn erste Anlaufstelle für Studenten aus dem Ausland ist, die in Deutschland ein Masterstudium absolvieren und zuvor ihre Deutschkenntnisse aufbessern. Über Sprachtandems und -freundschaften habe ich schon viele interessante Menschen aus anderen Ländern kennen gelernt!

Mein Lieblings(sp)ort in Bonn ist die einzige mir bekannte Badmintonhalle mit eigenem Wikipedia-Eintrag. Laut der Enzyklopädie handelt es sich bei der Halle um ein architektonisches Meisterwerk, das nach dänischen Vorgaben, in einer der Flugbahn des Federballs angepassten Parabelform gebaut wurde. Ich schätze an der Halle aber vor allem das einzigartige Ambiente, sowie den Spaß am Spiel und der Bewegung!

LIEBLINGSORT
HARIBO-CENTER

RAINER VOM FELD (53)

HEIZUNGSBAUER,
BONN

Ich bin damals 1962 im Februar in Beuel geboren. Damals war Beuel noch Stadt. Meine Lehre als Heizungsbauer fand in Oberkassel statt. Anschließend, nach der Ausbildung, wechselte ich zu einem mittelständischen Unternehmen mit Montageeinsätzen, die mich zwölf Jahre zum Zigeuner machten.

Irgendwann wird man doch sesshaft und will zurück. Die Nähe zu Bonn spüren, zu den Rheinländern und Beuel-Bonnern. Und so lebe ich seit über 20 Jahre oberhalb von Oberkassel und kann mir Bonn von oben anschauen. Meine Heimat, mein Stück Herz.

In den 90er Jahren war ich sehr viel mit meinem Hund unterwegs, besonders viel in den Steinbrüchen von Oberkassel, vom Dornheckensee bis zur Fundstelle des Oberkassler Doppelgrabs an der Rabenlay. Ich habe die offiziellen Wege gemieden, bevorzugte die Querfeldein-Wege und Trampelpfade der Wildtiere. Das Gebiet ist schroff, wild und von der Natur zurück erobert. Überall Basaltquader, Abraumhalden – ein großer Abenteuerspielplatz für mich und meinen Hund. Wenn's dann noch richtig warm war, dann gab's die Abkühlung im Dornheckensee. Damals wurde das Baden dort noch geduldet. Ich war gern und oft dort. Auch heute zwischendurch schaue ich gern von oben runter in den kleinen Dschungel.

LIEBLINGSORT
STEINBRUCH OBERKASSEL

SASCHA FOERSTER (29)

COMMUNITY MANAGER UND „JUNGFORSCHER", DEUTSCHSPRACHIGE GEMEINSCHAFT IN BELGIEN

Als ich mir vor zehn Jahren eine Stadt fürs Studium aussuchte, die noch nah an der Heimat ist, trotzdem weit genug von zu Hause, um eine eigene Heimat zu finden, hatte ich die Wahl zwischen den Städten Aachen, Köln und eben Bonn. Für Bonn sprach fast alles: Das Uni-Hauptgebäude stand vor dem grünen und offenen Hofgarten, der von Bäumen umringt war, das Seminar für Geschichte war direkt neben dem Alten Zoll und bot aus der Bibliothek den Blick auf den beeindruckenden Rhein, auf dem ich später manches Mal die Augen schweifen ließ. Bonn war nicht nur eine schöne Stadt, um Geschichte (und Psychologie) zu studieren, sondern kann auch selbst viele spannende Geschichten erzählen, wie ich mit der Zeit lernte. Mir gefällt auch die internationale Ausrichtung und die rheinische Mentalität der Menschen, die sich gerne vernetzen, was man auch in den sozialen Medien spürt. In Bonn konnte ich die Wurzeln schlagen, die ich brauche, um frei zu denken. Bonn ist der Hafen, von dem ich in die Welt ziehen kann und zu dem ich zurückkehre, wenn ich Heimweh verspüre.

Als Student habe ich im versteckten Café der katholischen Hochschulgemeinde manche Mittagspause genossen, Zeitung gelesen, im Garten gesessen und mich mit Freunden unterhalten. Der Filterkaffee war billig (er war tatsächlich nicht besonders), die Bedienung war jedoch freundlich und der Blick auf Rhein und Siebengebirge war einfach einmalig – da war der Kaffee wirklich zweitrangig. Zu meiner großen Enttäuschung wurde das Gelände an Investoren verkauft und das Café ebenfalls geschlossen. Seitdem blicke ich noch oft hier hoch und wünsche mir, dass jemand dieses Schmuckstück wieder mit Kaffeeduft und Leben füllt. Ich wäre mit Sicherheit Stammkunde.

LIEBLINGSORT

CAFÉ AM RHEIN (EHEMALS SAMS CAFÉ)

SUSE (24)

LEBENSKÜNSTLERIN,
JADERBERG (NIEDERSACHSEN)

In den letzten Jahren bin ich viel mit meinem Rucksack, der im Übrigen fast so groß ist wie ich, durch NRW gereist. Von Dortmund über Wuppertal über Köln kam ich irgendwann auch nach Bonn. Das erste, was ich an Bonn lieben lernte, war die Altstadt. Vor allem zur Kirschblüte ist sie ein Traum. Mir kam die Stadt von Anfang an immer sehr kreativ-pulsierend vor. Schnell stellte ich fest, dass meine Freunde aus Bonn auch alle kreativ-schöpferisch unterwegs sind. Ähnlich wie ich.

Wieso ausgerechnet ein Friedhof?! Eigentlich recht simpel, ein Friedhof strahlt unglaublich viel Ruhe aus und dort gibt es jeden Tag frische Blumen. Da ich mich für einen etwas zu spät geborenen Hippie halte, liebe ich zum Beispiel frische Blumen in den Haaren. Außerdem stehen in Kessenich auf dem Friedhof wirklich wunderschöne Bäume – ja, die Natur hat's mir auch angetan.

LIEBLINGSORT
DER ALTE FRIEDHOF IN KESSENICH

LIEBLINGSORT
KULTUR

Das kulturelle Leben in Bonn ist bunt. Auch wenn es auf den ersten Blick manchmal nicht so scheint, koexistieren hier Hochkultur und Subkultur. Bonn hat zudem eine der besten Universitäten Deutschlands, ein breites Spektrum an Museen und nicht zu vergessen Beethoven. Als der wohl bekannteste Sohn Bonns zieren zahlreiche Denkmäler die Stadt, feiert Bonn jährlich das Beethovenfest und zieht auch mit dem Beethoven-Haus internationale Besucher an. Das Beethoven-Haus, als sein Geburtshaus, darf natürlich nicht als einer der Lieblingsorte fehlen. Maria-Theresia zeigte uns diesen für sie besonderen Ort, an dem sie sich mit diesem Musiker besonders verbunden fühlt. Als ein Bestandteil der Bonner Subkultur ist der Streetart-Künstler 1zwo3 inzwischen deutschlandweit mit seinen lustigen Paste-Ups bekannt. Oftmals nutzt er dabei Tiermotive. Für Zeichenstudien eignet sich das Naturkundemuseum König hervorragend. Es war sehr lustig und seltsam, hier die Fotos von ihm zu machen, denn die meiste Zeit trug er eine Papiertüte auf dem Kopf, da er als Künstler nicht erkannt werden will. Während man 1zwo3s Kunstwerke meist in den Bonner Straßenzügen sieht, beher-

bergt der Lieblingsort von Schauspieler Hanno Friedrich verschiede Kunstformen – trocken und in Sicherheit – unter einem Dach. Die sie umgebende Architektur lässt Hanno bei der Beschreibung seines Lieblingsortes, dem Kunstmuseum Bonn, sehr philosophisch werden. Michèles Lieblingsort liegt direkt davor, denn es ist der Platz vor dem Kunstmuseum. Die Architektur hier ist sehr offen und hell, trotzdem ist der Platz auch bei Regen immer trocken.

Für mich ist die Dauerausstellung im Haus der Geschichte eine der eindrucksvollsten Ausstellungen auf der Bonner Museumsmeile. Der Zeitgeist der einzelnen Jahrzehnte in Deutschland lässt sich hier regelrecht spüren. Von beängstigend über spannend bis hin zu lustig ist hier alles dabei. Jens mag besonders die Eisdiele aus den 50er und 60er Jahren. Mit der laufenden Jukebox fühlt man sich sofort in der Zeit zurückversetzt. Während der Lieblingsort von Professor Klaus Honnef für ihn vor allem Arbeit bedeutet, hat mich sein Büro in pures Staunen versetzt. In großen schweren Bücherregalen reihen sich hier sehr viele fotografische Bildbände bis unter die

Decke des Altbaus. Ich war sehr beeindruckt, nicht nur von den Büchern, sondern vor allem von seinem Lebenslauf: Professor für theoretische Fotografie, Kurator, Ausstellungsleiter, Autor unendlich vieler Bücher über Kunst und Fotografie. Für sein Engagement als „Vermittler künstlerischer Fotografie" wurde er 2011 mit dem Kulturpreis der Deutschen Gesellschaft für Photographie ausgezeichnet. Auch Bildungsorte können Lieblingsort sein. So wie für Professor Herbert Dreiner, der mit seinen Studenten im Wolfgang Paul-Hörsaal physikalische Experimente für die Öffentlichkeit interessant und oftmals lustig aufbereitet. Oder Annas Lieblingsort, die Internationale Begegnungsstätte – an der ihr Vater, als er nach Deutschland kam, Deutsch lernte und wo sie heute selber Deutsch lehrt. Die wenigsten Studenten würden wohl sagen, dass sie sich in der Bibliothek der Uni wohl fühlen. Laila geht noch weiter, denn sie ernennt die Bibliothek der Germanistik gar zu ihrem Lieblingsort. Margarets Lieblingsort ist das Rex-Lichtspieltheater. Wiederbelebt von Bonner Studenten in den 80er Jahren gibt es hier seit 1949 Filme zu sehen.

Beatrice Treydel

Das Beethoven -
Haus

Die Internationale
Begegnungsstätte

Die Bibliothek
der Germanistik

Das Rex -
Lichtspieltheater

Der Wolfgang Paul -
Hörsaal

Das Museum König

Das Haus der
Geschichte

Das eigene
Arbeitszimmer

Die Treppe des
Kunstmuseums

Der Platz am
Kunstmuseum

ANNA PARWANEH BAHADORI

(27)

DOZENTIN FÜR DEUTSCH ALS ZWEIT- UND FREMDSPRACHE, BIRRESBORN (RHEINLAND-PFALZ)

Schon als Kind habe ich mich in Bonn verliebt. In den Ferien habe ich oft meine Patentante in Bonn besucht. Das war für mich immer eine ganz besonders schöne Zeit. Mir hat damals schon dieser irgendwie besondere Bonner Flair gefallen. Für mich als Dorfkind gab es im lebendigen Bonn so viel zu entdecken und zu erleben. Für mich stand fest: Wenn ich groß bin, will ich in Bonn leben. Dieser Traum ging in Erfüllung, als ich nach meinem Abitur einen Studienplatz in Bonn bekommen habe. Seitdem lebe ich hier und bin vom bunten Treiben meiner Lieblingsstadt immer noch genauso begeistert wie schon in Kindertagen.

Hier arbeite ich. Ich gebe Deutschkurse für Flüchtlinge und Menschen mit Migrationshintergrund. Dieser Ort bedeutet mir sehr viel, denn er ist ein zentraler Treffpunkt für Menschen aller Völker und Nationen. Hier gebe ich jeden Tag mein Bestes, um Menschen, die über die verschiedensten Wege zu uns nach Bonn gekommen sind, über das Erlernen der deutschen Sprache eine Perspektive zu eröffnen. Denn die Sprache ist der wichtigste Schlüssel einer erfolgreichen Integration! Ich bin immer wieder beeindruckt vom Ehrgeiz, der Motivation und dem starken Willen meiner Schüler, so schnell und so gut wie möglich Deutsch lernen zu wollen, denn das ist, nach allem was sie erlebt haben, ganz sicher nicht leicht. Mein Ziel ist es, eine Brücke zwischen Menschen zu bauen, bestehende Vorurteile abzubauen und die gegenseitige Wertschätzung zu fördern. Für all das bietet die Internationale Begegnungsstätte Raum. Als mein Vater vor ca. 30 Jahren als Asylbewerber aus dem Iran nach Bonn kam, hat er hier in der Internationalen Begegnungsstätte selber Kurse besucht und erste Kontakte zu Menschen geknüpft, die er heute noch zu seinen besten Freunden zählt.

LIEBLINGSORT
INTERNATIONALE BEGEGNUNGSSTÄTTE

HANNO FRIEDRICH ㊽

SCHAUSPIELER,
WUPPERTAL (NRW)

Ich bin vor 15 Jahren nach Bonn gezogen. Ich habe hier drei Jahre am Schauspiel Bonn gespielt, dann habe ich nicht verlängert, um Fernsehen zu machen. Dafür kann man eigentlich überall wohnen, aber ich wollte mit meiner Familie hier bleiben. Weil die Sommer so schön und musikgeschwängert sind, weil die Kitas und Schulen so gut funktionieren, weil die Stadt so angenehm entspannt multikulturell ist, weil ich mit dem Fahrrad überall hin komme, weil man mit Blick auf den Rhein vom Zehnmeterturm springen kann. Ich fühle mich inzwischen komplett als Bonner.

Den Treppenaufgang im Kunstmuseum finde ich so großartig, weil er eine einzige visuelle Irritation ist, wenn man frontal davor steht. Konvex und konkav vermischen sich, die Ecken sind rund, die Bögen sind eckig. Ist es ein Oval oder ein Kreis... oder ein Zylinder? Wenn das Licht zur Mittagsstunde indirekt dort hineinfällt, lösen sich die Räumlichkeiten auf, wie bei M.C. Escher. Und wenn man im Zentrum des Kreises in der Mitte der Treppe steht und flüstert, bemerkt man, dass man in einer völlig unwahrscheinlichen akustischen Dimension gelandet ist. Ein absolut fantastischer Raum.

   HIER GEHT'S ZUM VIDEO!

LIEBLINGSORT
TREPPENAUFGANG IM KUNSTMUSEUM

HERBERT „HERBI" DREINER (52)

PROFESSOR FÜR PHYSIK (UNI BONN),
WILLIAMSTOWN, MASSACHUSETTS (USA)

Ich bin mit zehn Jahren nach Deutschland, genauer gesagt Aachen, gezogen und habe dort Abitur gemacht. Ich habe sogar in Bonn angefangen zu studieren. Aber als theoretischer Physiker muss man ziemlich durch die Lande ziehen. Meine Wanderjahre: Ich habe fünf Jahre in Madison, Wisconsin, USA bis zur Promotion studiert. Danach ein Jahr in Hamburg als Wissenschaftler am DESY (Deutsches Elektronen-Synchrotron). Dort habe ich meine Frau kennengelernt. Hurrah! Danach drei Jahre in Oxford, UK, an der Uni, und weitere zwei Jahre an der ETH in Zürich, bevor es wieder an ein nationales Forschungslabor nach Oxford ging.

Das, dachten wir, wird unser zu Hause und dort sind unsere Kinder geboren. Aber dann wurde überraschend die Theoriegruppe am Labor zugemacht und so ging es 2000 unfreiwillig weiter... nach Bonn! Welch ein Glück! Wir haben an vielen verschiedenen Orten gewohnt, überall haben wir uns wohl gefühlt und tolle Menschen getroffen, aber im Rheinland sind die Wurzeln irgendwie am tiefsten. Meine Eltern und viele meiner Verwandten leben hier, wir haben wundervolle Freunde gefunden und hier is et immer jeck!

Im Dezember 2001 gründeten Michael Kortmann und ich die Physikshow. Im November 2002 gab es die erste Show – hier im Hörsaal. Die Show wird von den Physikstudenten in relativer Eigenregie vorbereitet und aufgeführt, aber natürlich mit unserer Unterstützung. Schon bei der ersten Show hat das Publikum uns die Tür eingerannt und die Studenten… die Studenten waren fantastisch, mir läuft heute noch ein Schauer über den Rücken. Seitdem gab es in 13 Jahren bestimmt 70 Shows, hier vor vollem Hörsaal, sowie bestimmt weitere 40 Shows in Köln, Solingen, Wuppertal, Heidelberg, Göttingen, München, Hamburg, Berlin, Genf, Oxford, London, Padua, und Trieste. Jede Show war ein unvergessliches Erlebnis mit immer neuen Studenten. Mit vielen haben wir noch Kontakt. Im März 2016 soll es nach Peking, China, gehen. Und alles fing hier in diesem schönen Hörsaal an!

HIER GEHT'S ZUM VIDEO!

LIEBLINGSORT
WOLFGANG-PAUL HÖRSAAL, UNI BONN

Gesichter-Bonns.de
Beatrice Treydel

JENS SCHALLER (42)

INFORMATIKER,
FRÖNDENBERG/RUHR (NRW)

Bereits gegen Ende meines Elektrotechnik-studiums war klar, dass ich erstens in die Kölner Region ziehen und zweitens irgend-etwas mit Softwareentwicklung machen wollte. Das funktionierte, ich wohnte gut drei Jahre im Raum Köln und wurde vom Sauerländer langsam aber sicher zum Rheinländer, bis ich Bonn zum Stadtbummel und durch Besuche bei Verwandten entdeckte. Bis dahin war Bonn für mich immer uninteressant gewesen, aber diese Meinung sollte sich grundlegend ändern.

Bonn schien uns die richtige Mischung an-zubieten: Teils ländlicher Charakter mit der Infrastruktur einer Großstadt. Im Herbst 2000 zogen wir dann also nach Beuel und entdeckten Bonn nach und nach für uns. Bonn hat für uns alles, was eine Stadt braucht. Viel Kultur, schöne Kneipen und Restaurants, nette Leute, Geschichte, Kuriositäten und vor allem einen Fluss in der Mitte. Das Ganze gepaart mit guter Luft, viel Natur und einer gewissen Entspanntheit machen Bonn recht einzigartig. Und falls man einmal mehr Rummel möchte, ist man auch sehr schnell in Köln.

Einen Lieblingsort zu benennen ist recht schwierig, weil es viele Orte in Bonn gibt, an denen ich so gerne bin. Die alte 60er-Jahre-Eisdiele/Milchbar im Haus der Geschichte ist für mich aber immer wieder ein Highlight, zu dem ich viele Besucher schleppe. Warum, ist mir selbst nicht ganz klar. Zum einen vielleicht, weil meine Eltern viel von diesen Milchbars erzählt haben, aber auch weil zu dieser Zeit ein großer Umbruch im Design alltäglicher Dinge begann, den ich sehr spannend finde.

HIER GEHT'S ZUM VIDEO!

LIEBLINGSORT
EISDIELE IM HAUS DER GESCHICHTE

Gesichter-Bonns.de
Beatrice Treydel

PROF. KLAUS HONNEF (75)

PUBLIZIST UND KURATOR,
TILSIT (EHEMAILGES OSTPREUSSEN, HEUTE RUSSLAND)

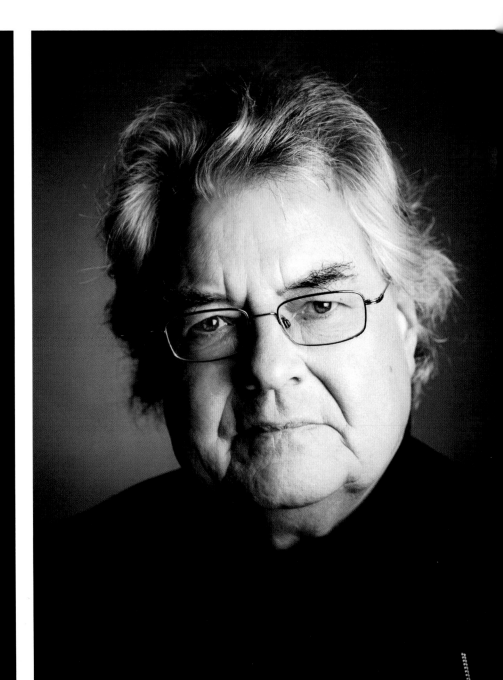

Nach Bonn hat mich ein Angebot gebracht. Ein Angebot, Ausstellungschef des damaligen Rheinischen Landesmuseums Bonn zu werden. Und das Angebot war sehr attraktiv – also bin ich dann nach Bonn gekommen. Und wegen des Umfangs meiner Bibliothek wollte ich auch nicht wieder wegziehen, obwohl all unsere Bekannten und Freunde und die für uns interessanten Geister im Zuge des Bundestagbeschlusses, Berlin als Hauptstadt zu etablieren, nach und nach dorthin umgezogen waren. Außerdem stelle ich fest, dass ich hier in Bonn oder im Rheinland viel zentraler sitze für die Interessensphären, die mich beschäftigen, also Kunst und Kultur und was damit zusammenhängt. In Berlin würde ich an der Peripherie sitzen, denn immer noch spielt die Musik im Westen. Also sitze ich wunderbar hier in Bonn und bin in vier, fünf Stunden in Paris, London, Hamburg, München und so weiter.

Glücklicherweise hat meine Frau diese Wohnung ausgewählt. Sie liegt fußläufig zur Bonner Innenstadt, wo ich jeden Tag einkaufe. Sie ist unweit des Bahnhofes, den ich oft benutze. Insgesamt ist es ein sehr angenehmes Haus und für das „Power Walking" – wie es neudeutsch heißt – das ich jeden Tag betreibe, gibt es jede Möglichkeit ganz in der Nähe.

LIEBLINGSORT
DAS EIGENE ARBEITSZIMMER

LAILA OUDRAY ㉕

STUDENTIN UND JOURNALISTIN, BAESWEILER (NRW)

Es ist eine klassische Geschichte, wie es mich nach Bonn verschlagen hat. Ich war 19 und fertig mit der Schule. Ich wollte auf gar keinen Fall in der Kleinstadt bleiben, wo ich aufgewachsen war. Zu langweilig, zu vorhersehbar war alles geworden. Ich wollte etwas Neues anfangen. Deswegen habe ich mich an Unis quer durch die Republik beworben. Unter anderem hat mich Bonn angenommen. Ich hatte gar keine Verbindung zu Bonn, aber irgendwie hatte ich das Gefühl, dass ich nach Bonn gehöre. Ergo bin ich hier her gezogen und ich hab es nie bereut.

Bonn ist eigentlich winzig klein. Ich hab schon in Paris, Kairo und Berlin gelebt, doch irgendwie kann man in Bonn so viel machen, weil man selbst so viel gestalten kann. Ich konnte mich ausprobieren und herausfinden, wofür ich stehe und was ich mag und will. Bonn hat mich durch sehr turbulente Zeiten begleitet und deswegen werde ich mich immer mit dieser Stadt verbunden fühlen – auch wenn ich irgendwann einmal weiterziehe.

Ich liebe die Bibliothek. Selbst in den stressigsten Phasen meines Studiums oder meines Lebens allgemein – zwischen all diesen Büchern komme ich zu Ruhe. Ich liebe die intellektuelle Herausforderung meines Studiums, auch wenn ich wegen der Arbeit wenig Zeit hier hinein investieren konnte. Doch wenn ich in der Bibliothek sitze, umgeben von den ganzen Büchern, mit dem Blick auf den Hofgarten, direkt auf das akademische Kunstmuseum, wenn ich mich in Büchern vergraben kann, abgeschnitten von der Außenwelt und ganz versunken in den Mikrokosmos Germanistik, dann bin ich immer sehr glücklich.

Nicht falsch verstehen, manchmal kotzt mich das Studium auch an. Aber all der Ärger, all die Unsicherheit, macht ein Besuch dort wieder wett.

HIER GEHT'S ZUM VIDEO!

LIEBLINGSORT

DIE GERMANISTIKBIBLIOTHEK DER UNIVERSITÄT BONN

MARGARET O'HARA-BEHR

(64)

RENTNERIN,
DUBLIN (IRLAND)

Als ich circa zwölf Jahre alt war, wurde Deutsch als Fremdsprache (nach Französisch) in meiner Schule eingeführt und ich habe mich gemeldet, nicht ahnend was diese Entscheidung für meine Zukunft bedeuten würde! Nach dem Abitur und bevor ich mein Studium in Dublin anfing (englische, französische und deutsche Literatur) verbrachte ich einen Monat bei einer Familie in Bonn-Endenich. Der Freund meiner „Gastgeberschwester" brachte mal seinen besten Kumpel mit und wir haben uns sofort verliebt. Aber es war 1967 – der „summer of love" – ich habe mich damals alle paar Wochen verknallt und war mir ziemlich sicher, dass zurück in Dublin, in einem neuen Leben als Studentin, ich diese Sommerromanze schnell wieder vergessen würde. Aber mein deutscher Freund schrieb täglich solch schöne Briefe, drei Jahre lang (damals gab es nämlich keine Handys oder E-Mails), dass ich Ende 1970 ganz nach Bonn gezogen bin. 1972 heirateten wir und bekamen drei Kinder – und heute haben wir drei Enkelkinder. Ich habe lange bei der irischen Botschaft in Bad Godesberg gearbeitet und sie wurde für mich eine Art Zuhause im Ausland. Leider war das vorbei, als die Botschaften nach Berlin zogen.

HIER GEHT'S
ZUM VIDEO!

Bonn gefällt mir wegen des Rheins (mein kleiner Ersatz für das Meer bei Dublin!), wegen des Venusbergs und des Kottenforsts (mein Ersatz für die Dublin Mountains!), und der Gemütlichkeit der Stadt. Ich mag den Wechsel zwischen den Jahreszeiten, die internationale Atmosphäre, das Kulturangebot und so weiter! Ich habe viele Lieblingsorte: Das Friesi, wo ich im Sommer täglich schwimme, Spaziergänge am Rhein, auf dem Rodderberg, Musik im Biergarten in der Rheinaue und noch viele mehr. Aber das Rex-Kino mag ich, weil hier die schönsten Filme laufen, oft in Originalversion. Es ist so klein und altmodisch und hier läuft viel weniger Werbung als in anderen Kinos.

LIEBLINGSORT
DAS REX LICHTSPIELTHEATER

MARIA-THERESIA VAN SCHEWICK

(67)

POLITIKERIN, GOCH (NRW)

Als ich fünf Jahre alt war, zog meine Familie vom Niederrhein nach Bonn, in die Kaiserstraße. Mein Vater arbeitete als Astrophysiker in der Sternwarte auf der Poppelsdorfer Allee. Von meinem Kinderzimmerfenster aus sah ich geradeaus auf das Münster und nach unten auf den Innenhof der Landeszentralbank. Eingeschult wurde ich in der Münsterschule. So spielte sich mein Leben in den ersten Jahren im Gebiet Kaiserstrasse, Sternwarte, Münster und Riesstraße ab. Meine Klassenkameradinnen (-kameraden) trugen zum grossen Teil die Namen Bonner Geschäfte, wie zum Beispiel Mirgel (Farben), van Hassel (Markt), Fendel (Metzgerei), Töpfer (Herrenmode), Klassenlehrerin war Helma Klein. Sie brachte uns bei, die Besonderheiten Bonns zu sehen und zu lieben: Die Universität mit dem Michaelstor, den Münsterplatz mit Pranger und Beethoven, das Beethoven-Haus, das Rathaus mit der doppelläufigen Treppe, den dreieckigen Marktplatz und vor allem das Münster mit der Grabesstelle von Cassius, Florentius, Malusius und ihrer Gefährten. So wurde Bonn „meine Stadt". Teil dieser Heimat waren sowohl die internationalen Klassenkameraden meiner Brüder als auch die Kollegen meines Vaters aus aller Welt. Seit Kinderzeiten verbindet sich mit dem Namen meiner Heimatstadt das Gefühl von Geborgenheit und Weltoffenheit. Die unterschiedlichen Menschen meiner Kindheit und Jugend hatten meine Neugierde auf ihre Heimat geweckt. Sie wurde die Ursache vieler meiner Reisen. In jedem Land habe ich Neues, Anderes entdeckt, ohne dass der besondere Platz Bonns in meinem Herzen dadurch geschmälert wurde. Wenn ich heute durch Bonn gehe, treffe ich Bönnsche und Menschen aus aller Welt. Und ab und zu Menschen, die Beides in sich vereinen. Und in mir ist der Satz: Herz, was willst du mehr?

Hier wurde ein Mensch geboren, der von Kindheit an so viele Widrigkeiten in seinem Leben überwinden musste, wie es kaum vorstellbar ist: Es beginnt mit einem alkoholkranken Vater und endet mit der Taubheit. Bei all dem ist seine Kraftquelle immer die Musik. In seinen Kompositionen macht er alle Gefühle, Erfahrungen, Träume, Kämpfe und innere Triumphe für uns hörbar und erfahrbar. Das Erleben ist so universell, dass sich ihm weltweit kein Mensch entziehen kann. Er wird von Menschen geliebt und an ihm scheitern Egomanen, die ihn für eigene Zwecke nutzen wollen. Kein anderes Gebäude weckt so viele und so unterschiedliche Gefühle in mir, wie das Beethoven-Haus in der Bonngasse: Demut, Dankbarkeit, Verpflichtung und Verantwortung.

HIER GEHT'S ZUM VIDEO!

LIEBLINGSORT
BEETHOVEN-HAUS

Gesichter-Bonns.de
Beatrice Treydel

MICHÈLE LICHTE ⓭⁰

INHABERIN EINER PENSION, GELSENKIRCHEN (NRW)

Nachdem ich in Bremen studiert, mich verliebt, geheiratet und ein Jahr in Frankreich gelebt habe, wollte ich mit meiner kleinen Familie (zwei Kinder) wieder nach Deutschland ziehen. Da mein Mann einen Sohn im Ruhrgebiet hat, wollten wir nicht gerade nach Süddeutschland. Da ich aus dem Ruhrgebiet komme und da nicht wieder hin wollte, sollte es auch nicht das Ruhrgebiet sein. Düsseldorf und Köln waren uns zu teuer und zu groß. Tja und da dachten wir, Bonn wäre doch vielleicht nett. Mein Mann war zuvor ein paar Mal geschäftlich in Bonn.

Weihnachten 2000 waren wir also zum ersten Mal in der Bonner Innenstadt und haben uns sogleich in diese gemütliche Stadt mit ihrer phantastischen Lage verliebt. Im Sommer 2001 sind wir dann zunächst in das schöne Musikerviertel gezogen. Inzwischen haben wir ein Haus in der Südstadt gekauft und sind fest verwurzelt mit dieser Stadt. Ich mag an Bonn besonders seine schönen Altbauten und das wunderschöne Umland, den Rhein und die Menschen, die mir hier ans Herz gewachsen sind.

Ich genieße es sehr, hier alles Wichtige mit dem Fahrrad zu erreichen. Bonn ist genau die richtige Mischung aus Stadt und Dorf, irgendwie trifft man immer jemanden, den man kennt.

Mein Lieblingsplatz in Bonn ist der Vorplatz zwischen Kunstmuseum und Ausstellungshalle der Bundesrepublik Deutschland. Das hat ganz viele Gründe. Zum einen liebe ich die Kunst und bin gerne in Kunstmuseen. Das Bonner Kunstmuseum ist schon alleine von seiner Architektur her eine wahre Wucht, überall gibt es interessante Ecken, viel Glas und Licht. Egal wohin man blickt, nichts ist gerade oder langweilig. Aber auch die Ausstellungshalle ist ein ganz interessanter Bau mit viel Licht und interessanten Nischen.

Die beiden interessanten Gebäude, die tollen Ausstellungen, die Atmosphäre, das Licht. Es ist als kommt man in eine andere Welt, fern von Alltag, Hektik und allem. Die Welt bleibt eine Weile stehen und ich sauge alles Visuelle in mich auf! Die Atmosphäre hat etwas ganz beruhigendes, fast meditatives, auf mich.

LIEBLINGSORT
VORPLATZ VOM KUNSTMUSEUM

Gesichter-Bonns.de
Beatrice Treydel

1ZWO3 ㉝

STREET ART-KÜNSTLER,
KÖLN (NRW)

Mit 16 Jahren von Köln nach Bonn. Was zunächst einem Kulturschock, kombiniert mit einer gefühlten Verbannung in die Kleinstadt gleich kam, entwickelte sich über die letzten 17 Jahre zu einer tiefen Verbundenheit. Von der Schulzeit über das Abitur, hin zum Studium und schließlich der eigenen

Familie – all das waren und sind Stationen meines Lebens in Bonn. Auch wenn es mich noch zwei Mal nach Köln zog, um dort jeweils ein bis zwei Jahre zu leben, hat Bonn mich nicht losgelassen. Einfach gesagt: Köln bleibt immer meine Heimatstadt, doch Bonn ist mein Zuhause.

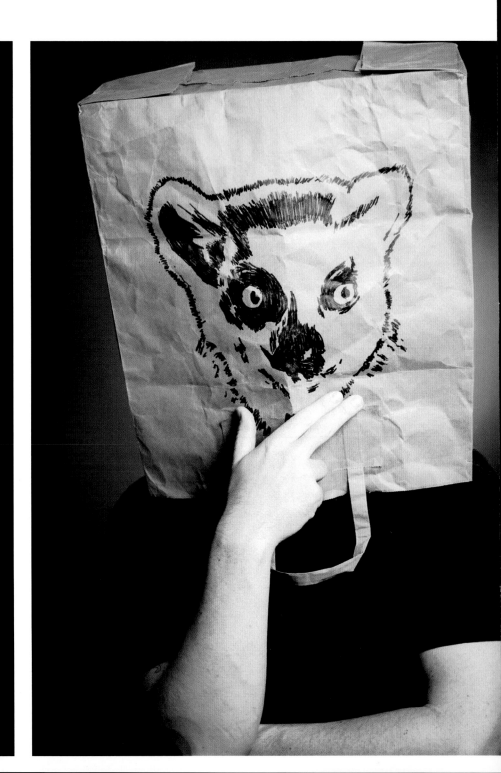

Das Museum König ist ein Naturkundemuseum, welches 1934 offiziell eröffnet wurde und zählt heute mit etwa sieben Millionen naturkundlichen Präparaten zu den größten Deutschlands. Abgesehen von den unzähligen Stunden, die ich vor den Präparaten verbrachte, um zeichnerische Studien anzufertigen, imponiert mir bis heute das Gebäude an sich. Der klassizistische Bau mit seinen riesigen Treppen, die Säulen der Rundgänge – alles strahlt eine gewaltige Autorität und zugleich stoische Ruhe aus. Als könnte diese Hallen nichts erschüttern. Diese Eigenschaft, gepaart mit der Zurschaustellung von Lebewesen aus allen Teilen der Erde zieht mich bis heute immer wieder und immer wieder gerne in ihren Bann.

LIEBLINGSORT
MUSEUM KÖNIG

LIEBLINGSORT
SELBSTVERWIRKLICHUNG

Die wenigsten von uns würden wohl den Arbeitsplatz als ihren Lieblingsort bezeichnen. Das gilt auch für die meisten der Gesichter Bonns. Arbeit ist Arbeit und Arbeit ist Pflicht. Deshalb suchen viele Menschen Entspannung in Hobbies, die wiederum zu einem „Lieblingsort" werden können. So wie Deborah, die im „echten Leben" Nuklearmedizinerin ist und im gemeinsamen Singen mit dem Bonner Jazzchor ihr musikalisches Zuhause gefunden hat. Oder die Mitglieder der Bonner Band „miaomio", die ihren Proberaum zum Lieblingsort erkoren haben, weil es die Musik ist, die sie untereinander und mit ihrer Stadt verbindet.

Es gibt aber auch Menschen, die ihren Arbeitsplatz tatsächlich als Lieblingsort ansehen, weil sie sich diesen Ort selber erschafft haben. So zum Beispiel Christina, genannt Chrissi, die sich den Traum vom eigenen Friseursalon mit Klamottenladen (oder andersrum?) erfüllt hat oder Marianne Pitzen, die die Notwendigkeit eines Ausstellungsortes eigens für Kunst aus weiblicher Hand erkannt und daraufhin mit dem Frauenmuseum Bonn das erste seiner Art weltweit ins Leben gerufen hat. In diesem Abschnitt zeigen wir also Bonnerinnen und Bonner, die sich einen Lieblingsort erschaffen haben, an dem sie sich selbst verwirklichen können.

Christian Mack

Das Frauenmuseum

Das Zauberland

Der Jazz-Chor

Der Proberaum

CHRISTINA DROHLSHAGEN ㉟

FRISÖRMEISTERIN, BORNHEIM (NRW)

Eigentlich komme ich aus Bornheim, einem kleinen Dörfchen, das irgendwo im Nirgendwo zwischen Köln und Bonn liegt. Für meine Familie verschlägt es mich auch ab und zu nochmal da hin. „Fott" nach Bonn bin ich, um diese Stadt zu erleben. Was soll ich in Berlin und München, wenn mir Bonn alles bietet, was zu einem abwechslungsreichen Leben dazugehört? Hier fließt der Rhein, die Lebensader Bonns. Außerdem gibt's hier ein großes kulturelles Angebot, abseits von Beethoven und Karneval: Den Bonn Stomp, die CheapArt und viele Märkte zum trödeln.

Bonn ist eine Stadt mit dem Flair eines Dorfes, man kennt sich, man schätzt sich und die lockere Art der Menschen mit der Mentalität «Jeder Jeck ist anders» macht Bonn zu einer herzlichen, offenen, neugierigen und multikulturellen Stadt. Freunde trifft man spontan an bewährten Stellen, da sich unsere Lieblingsorte über Jahre hinweg erhalten konnten. Das kann mir einfach keine «IN»-Großstadt bieten!

Mein Lieblingsort in Bonn ist das „Zauber-land", das nicht nur Arbeitsplatz, sondern auch ein zweites Zuhause ist! Ich wollte schon immer meinen eigenen Friseursalon mit einem Klamottenladen kombinieren, der aber gern aus der Reihe tanzen durfte. Die gemütliche Wohnzimmeratmosphäre und die Wahl des Klamottenlabels «Bluts-geschwister» und zu guter Letzt der Umstand, dass ich die Kunden duze! Was mir wichtig ist, ist, dass sich auch meine Kunden wie zu Hause fühlen. Die Begegnung mit den Kunden geschieht also eher auf einer freundschaftlichen Basis.

Hier kann ich ICH sein! Ich mache das, was mir am meisten Spaß macht: Passende Haarschnitte und Farben zum «Kopp», der dazu gehört. Das „Zauberland" macht Bonn ein kleines Stück bunter und individueller!

LIEBLINGSORT
EIGENES GESCHÄFT IN DER INNENSTADT

Gesichter-Bonus.de
Beatrice Treydel

DEBORAH ANNE ROSANWO ⑨

NUKLEARMEDIZINERIN,
LONDON (GROSSBRITANNIEN)

Jedes Mal wenn ich stadteinwärts über die Nordbrücke fahre, beruhigt sich etwas in mir. Manchmal überkommt mich ein Lächeln, manchmal atme ich einfach aus. Ich bin in meiner Stadt, ich bin zu Hause, ich bin in Bonn.

Jahrelang war ich eine „intellektuelle Nomadin". Den Mauerfall habe ich als Zeitzeugin in Leipzig erlebt, meine Facharztausbildung in Ostwestfalen und im Bergischem Land. Seit 2001 lebe und arbeite ich hier in Bonn. Mein Beruf als niedergelassene Nuklearmedizinerin und meine Passion als Sängerin zelebriere ich hier in vollen Zügen. Ich bin zwar ein „british-born Guyanese» die nie wirklich Deutsche wird, aber die vom Herzen sagt: «Ich bin Bonnerin.»

HIER GEHT'S ZUM VIDEO!

Da ich schon als Teenager mein Land verlassen musste und seitdem überall und nirgends Zuhause war, merkte ich: «Zuhause ist dort wo Dein Herz ist», wo die Menschen, die Du liebst sind und wo ist, was auch immer Dich erdet. Für mich ist es unter anderem das Musizieren und das Miteinander im Bonner Jazzchor. Hier kann ich mich entfalten, viele meiner Facetten zum Ausdruck bringen, die ganze Palette von Emotionen durch das gemeinsame Musizieren erleben und vor allem anderen mitteilen. Mein Lieblingsplatz in Bonn ist somit kein Ort, sondern eine Gemeinschaft, die mich prägt, fordert, erfüllt und mir häufig Momente von Glückseligkeit und Magie beschert.

LIEBLINGSORT
DER BONNER JAZZCHOR

MARIANNE PITZEN (67)

KÜNSTLERIN UND MUSEUMSDIREKTORIN, NÜRNBERG (BAYERN)

Als ich mit elf Jahren von Nürnberg nach Bonn kam, war ich entsetzt: das soll eine Stadt sein? Todunglucklich lief ich durch die Straßen, zu Fuß von Bonn-Tannenbusch in die Stadt (man war auch noch zu arm für einen Fahrschein) und fragte mich: Wo sind ihre historischen Bauten? Ihre Geschichte, ihre Künstler? Und was hat hier eine werdende Malerin verloren? Bonn war Ende der 50er Jahre tatsächlich langweilig, grau und gräulich im Gegensatz zu Nürnberg, wo man in jedem Stein historische Dramen sah, es Museen für alle Interessen gab und, von den damals finsteren Ruinen abgesehen, eine lebhafte und neonhelle Einkaufstadt abklappern konnte. Nur die Cafés waren in beiden Städten ähnlich schön.

Erst mit dem Entdecken der gut verborgenen Bonner Geschichte und ihrer weiblichen Größen wie Johanna Kinkel, Komponistin und Revolutionärin, Maria Gräfin zu Linden, Professorin für Parasitologie an der Universität, oder Bertha Lungstras, Gründerin der Wickelburgen, Häuser für gefallene Mädchen, gewann die Stadt an Leben und Farbe für mich, etwas, was sie einmalig macht. Später wurde mir klar, welch Brisanz die Politik in Bonn hatte, dass hier die Gesetze für die Frauen erkämpft wurden und so begann ich Geschichte, Kunst und politische Entwicklungen zusammen zu sehen und daraus entstand folgerichtig das Frauenmuseum, das allererste auf der Welt. Der Politik wegen reizt Berlin durchaus dazu, den Schwerpunkt der Aktivitäten dorthin zu verlagern. Aber solange Bonn UN-Stadt ist, haben wir für unsere Ziele und das Netzwerk der internationalen Frauenmuseen eine Basis und bauen das Museum der Frauen Zug um Zug weiter auf.

Mein Kraftzentrum oder im übertrage-
nen Sinn meine persönliche „Muckibude"
ist mein Atelier im Frauenmuseum. Dort
entstehen die zahlreichen Figuren aus
Papier, die Matronen, Göttinnen, Heilige Frauen wie Adelheid von Vilich oder die
Heilige der Gärten, Gertrud von Nivelles,
auch blaue Geister und grüne Türme.

LIEBLINGSORT
EIGENES ATELIER IM FRAUENMUSEUM

ANIKA AUWEILER ㉞

SÄNGERIN UND GITARRISTIN, LEVERKUSEN (NRW)

Eigentlich wollte ich ja in Köln studieren. Dann ist es aber doch Bonn geworden und bald lebe ich hier länger als ich sonst irgendwo gelebt habe. Hier geblieben bin ich dann vor allem wegen meiner musikalischen Projekte und engen zwischenmenschlichen Beziehungen. Ich schätze an Bonn die schönen Beueler Rheinwiesen, die kleine alternative Szene, den fantastischen Weinkommissar und Plätze wie den Frankenplatz, wo man immer jemanden zum Plaudern trifft. Und dann sind da noch meine Freunde, die Bonn nach und nach zu meinem neuen Zuhause gemacht haben.

JAN PALKOSKA (34)

SCHLAGZEUGER,
SANKT AUGUSTIN (NRW)

In Bonn bin ich zur Schule gegangen (mein damaliger Deutschlehrer ist unser aktueller OB), in Bonn habe ich meine Studienzeit verbracht und in Bonn bin ich nun beruflich fest verankert. Obwohl ich andere deutsche Städte gut kennengelernt habe und auch eine Zeit im Ausland war, ist Bonn für mich im Sinne einer hohen Lebensqualität immer attraktiv geblieben. Ich tue mich schwer mit der Begrifflichkeit „Heimat" und ein Lokalpatriot bin ich auch nicht, aber ich schätze Bonns Vielschichtigkeit, Offenheit und besonders die Internationalität. Manchmal setze ich mich einfach auf's Fahrrad und gestalte kleine Expeditionen in für mich immer noch unbekannte Stadtteile - so groß ist Bonn dann nämlich doch - und was für mich sehr wichtig ist: Bonn hat ein Schlagzeugfachgeschäft!

STEPH PAULA (38)

BASSIST,
BONN

Bonn ist mein musikalisches Zuhause, es gibt kaum einen Winkel in der Stadt, den ich nicht mit Musik, mit miaomio verbinde. Hier war ich das erste Mal auf einem Rockkonzert (Rheinkultur 1992) und spiele mich noch immer durch alle möglichen Lokalitäten, die ich noch nicht kenne. Gibt es etwas schöneres, als spät abends im Sommer in der Rheinaue auf einer Bank direkt am Rhein zu sitzen und den Schiffen beim Vorbeifahren zuzuhören? Möglicherweise. Aber echt nicht viel.

SARAH BRASACK (35)

KEYBOARDERIN,
BONN

Geboren und aufgewachsen bin ich in Bonn. Weil mein Vater im Auswärtigen Amt arbeitet, bin ich öfters ins Ausland gezogen, aber immer wieder ging es zurück nach Bonn. Hier habe ich auch Abitur gemacht und studiert. Mehr als die Hälfte meines Lebens habe ich in Bonn verbracht. Ich mag den Hofgarten und das Joggen am Rhein. Ich mag die Menschen und die Kirschblüten in der Altstadt im Frühling. Ich mag die Kneipenszene und dass ich immer jemanden treffe, wenn ich in der Stadt unterwegs bin. Ich mag es, dass sie das Rathaus in der Vorweihnachtszeit tatsächlich in einen Adventskalender verwandeln. Wer kommt denn auf so eine Idee – außer ein Bonner?

Unser Proberaum in dem alten Gebäude der Grundschule in der Innenstadt von Bad Godesberg ist eigentlich nur ein Interimsproberaum, bis das Hansahaus ein paar hundert Meter weiter (hoffentlich) irgendwann wieder soweit saniert ist, dass man dort wieder proben kann. Allerdings ist der Proberaum viel größer als der winzige im Hansahaus. In diesem Proberaum verbringen wir die schönsten Stunden unserer Tage, wenn wir uns in einen Rausch spielen oder weintrinkend Auftritte besprechen und Aktionen planen. Darum: Unser absoluter Lieblingsraum in Bonn, trotz Kabel-Chaos, unzähliger Instrumente und vieler leerer Flaschen, die immer, immer im Weg stehen.

HIER GEHT'S ZUM VIDEO!

LIEBLINGSORT
PROBERAUM DER BAND MIAOMIO

EPILOG

In den letzten drei Jahren habe ich mit den Gesichtern Bonns unendlich viel erlebt. Ich habe Menschen kennen lernen dürfen, denen ich sonst nie begegnet wäre. Natürlich zählen dazu auch die Begegnungen mit Prominenten. Aber die kleinen Momente und die Zeit, die ich mit vollkommen fremden Menschen, die sonst nicht im Rampenlicht stehen, verbracht habe, war noch viel schöner. Eigentlich bin ich niemand, der wildfremde Menschen anspricht. Ich bin eher jemand, der im Café sitzt und sich überlegt, was wohl gerade im Kopf der jungen Frau vorgeht, die strahlend über den Münsterplatz läuft. Dank Gesichter Bonns habe ich die Berührungsängste überwunden und meine Neugier hat gesiegt. In jedem Menschen steckt eine interessante und schöne Geschichte, die erzählt werden will. Man muss sich nur die Zeit nehmen, zuzuhören. Und so ist es gelungen, in unserem kleinen Wohnzimmer 100 Menschen zu treffen und ihre Geschichte zu hören. Ich bin unendlich dankbar dafür, dass mir diese Einblicke gewährt wurden. Dadurch habe ich gelernt, dass die Welt nicht voll von eigenbrötlerischen Fremden ist, die sich um nichts scheren, sondern dass es unendlich viele liebenswerte Menschen gibt, die wir nur in der Hast unseres Alltags übersehen. Danke, dass ich dadurch so oft ein Lächeln im Gesicht hatte.

Beatrice Treydel

DANKE

HIER GEHT'S ZUM VIDEO!

Manch einer wird sich fragen, warum ein Logo der Caritas dieses Buch ziert. Etwa anderthalb Jahre nachdem ich mit dem Projekt begonnen hatte, erhielt ich eine Mail von einem jungen Mann, der bei der Caritas arbeitet: Jonas. Er interessierte sich dafür, was ich mit meinem Projekt erreichen wollte und wie weit ich mit der Umsetzung wäre. Als Mitarbeiter der Kampagne „vielfalt. viel wert" sei es seine Aufgabe, Projekte auf die Beine zu stellen und zu unterstützen, die helfen sollen, Mauern zwischen Menschen einzureißen. Ich fand seine Idee gleich sehr schön, konnte mir aber dennoch lange Zeit nicht vorstellen, wie eine Kooperation aussehen könnte. Jetzt weiß ich es: Ohne sein persönliches Engagement und die Unterstützung der Caritas wäre es nicht möglich gewesen, eine Ausstellung der Gesichter Bonns und dieses Buch so schnell auf die Beine zu stellen und zu finanzieren. Dafür bin ich unendlich dankbar!

Und diese Unterstützung war bei weitem nicht die einzige! Vor allem ohne Christian wäre das ganze Projekt nicht fertig geworden. Bei all dem administrativen Kram, all den Mails und Anfragen, der Pflege der Social Media-Kanäle, wäre ich ohne ihn aufgeschmissen gewesen! Zudem hat das Projekt durch seine Videos noch einmal eine ganz neue Dimension bekommen. Und immer dann, wenn ich mal einen kleinen Schubs in die richtige Richtung brauchte, war er für mich da! Ohne ihn würde es das alles hier wohl nicht geben. Er ist schon lange nicht mehr

nur mein Assistent. Es ist unser gemeinsames Projekt. Viele seiner Filme über das Projekt und die Teilnehmer lassen sich im Buch durch die QR-Codes aufrufen.

Wichtiger Bestandteil dieses Buches sind die Texte der Teilnehmer. Wenn man viele Texte gelesen hat, ist man irgendwann betriebsblind. Deshalb möchte ich mich bei Sigrid bedanken, die all die Texte der Gesichter Bonns abschließend nach Christian und mir ein weiteres Mal Korrektur gelesen hat.

Wenn man ganz viele Bilder und die dazugehörigen Texte hat, dann hat man noch lange kein Buch. Deshalb möchte ich Sarah ganz herzlich danken! Ich bin so glücklich darüber, dass es Menschen wie sie gibt, die zu ihrem Wort stehen und sich ganze Abende um die Ohren hauen, um jemand anderem – in diesem Falle mir – zu helfen!

All den lieben Menschen, die meinem Aufruf gefolgt sind und dem Projekt für die Ausstellung und das Buch Geld gespendet haben, möchte ich ebenso danken, wie dem Sponsor, Sascha Busch, dem Inhaber von BonnGas, für eine große finanzielle Unterstützung des Buches.

Danke an Franz, Inhaber von faps-bonn, für die wunderschönen Drucke meiner Bilder für die Ausstellung und für die liebe Beratung. Es ist immer schön, mit Menschen zusammen zu arbeiten, die für ihre Aufgaben brennen.

Mit der Fabrik 45 haben wir in Bonn einen schönen und außergewöhnlichen Ausstellungsort gefunden. Danke an Nastacia für ihre vielen Ratschläge und ihr Unterstützung im Vorfeld zur Ausstellung.

Bei einer ihrer eigenen Ausstellung in der Fabrik 45 lernte ich Jana kennen. Ich war begeistert von ihrem großartigem Talent, wir kamen ins Gespräch. Und nun ist sie der Grund, warum ich nicht nur einen Stapel von Fotos und leere Wände habe, sondern eine Ausstellung – weil sie die Hängung der Bilder geplant hat. Vielen, vielen lieben Dank!

Um die Früchte der Zusammenarbeit all dieser genannten Menschen zu genießen und einen Eindruck von der Ausstellung zu gewinnen, einfach den QR-Code einscannen. Dahinter verbirgt sich eine Dokumentation der Ausstellung.

Abschließend gilt mein ganz besonderer Dank natürlich all den tollen Menschen, die beim Projekt mitgemacht haben. Ihr habt mir spannende Begegnungen und eine wunderschöne Zeit geschenkt. Die drei Jahre mit euch werde ich nie vergessen.

B. Treydel

Beatrice Treydel

SASCHA BUSCH, BONNGAS

BONNGAS
www.bonngas.de

Als gebürtiger Bonner hat meine Leidenschaft zu dieser Stadt bereits vor fast 40 Jahren begonnen. Mit Bonn verbinde ich so viele Kindheitserinnerungen. Mit meiner Großmutter in der Kaufhalle essen gehen, mit meinen Eltern auf die Waldau, meinen Vater in der Spätschicht auf der Arbeit besuchen, mit Moby Dick über den Rhein oder in der Rheinaue mit dem Tretboot über den Ententeich fahren. Bonn ist und war immer meine Heimatstadt. Auch später in der Altstadt feiern, oder am Alten Zoll den Ausblick genießen und nicht zuletzt Rhein in Flammen. Im Schatten des großen Nachbarn erscheint mir Bonn heute immer noch gemütlich, fast ländlich, alles ist ein wenig übersichtlicher. Dass ich dann vor fast 13 Jahren in Bonn das Unternehmen BonnGas gegründet habe, passt irgendwie dazu. Ich freue mich, dieses wunderbare Projekt „Gesichter Bonns" mit unterstützen zu können. Eine tolle Idee, so viele bekannte Gesichter in einem Werk zu vereinen. Hier in Bonn leben großartige Menschen.

Sascha Busch

Sascha Busch

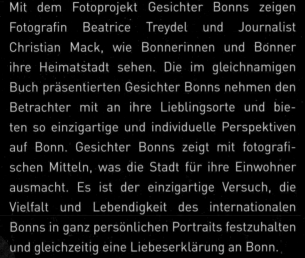

Gesichter-Bonns.de
Beatrice Treydel

Seit 1846
LEMPERTZ
mehr als 150 Jahre in Bonn

vielfalt.
viel wert.
caritas

Mit dem Fotoprojekt Gesichter Bonns zeigen Fotografin Beatrice Treydel und Journalist Christian Mack, wie Bonnerinnen und Bonner ihre Heimatstadt sehen. Die im gleichnamigen Buch präsentierten Gesichter Bonns nehmen den Betrachter mit an ihre Lieblingsorte und bieten so einzigartige und individuelle Perspektiven auf Bonn. Gesichter Bonns zeigt mit fotografischen Mitteln, was die Stadt für ihre Einwohner ausmacht. Es ist der einzigartige Versuch, die Vielfalt und Lebendigkeit des internationalen Bonns in ganz persönlichen Portraits festzuhalten und gleichzeitig eine Liebeserklärung an Bonn.

Das Projekt gibt der Stadt viele individuelle Gesichter und hebt die Distanz auf zu den Menschen des Bonner Alltags. Neben prominenten Bonnerinnen und Bonnern wie Margie Kinsky, Anka Zink, Peter Kloeppel oder Bernhard Hoëcker zeigt Gesichter Bonns auch und vor allem Menschen aus dem Bonner Stadtbild, die einem tagtäglich im Bus, auf dem Markt oder im Straßenkarneval begegnen könnten.

Zu jedem Gesicht Bonns werden zwei Fotografien gezeigt: Ein Schwarzweiß-Portrait, das den Fokus voll und ganz auf die Person und ihre Individualität legt und eine Farbfotografie der Person an ihrem Lieblingsort in Bonn. Hier rückt die Umgebung stärker in den Vordergrund und stellt das Gesicht in einen ureigenen Kontext zur Stadt. Außerdem erfährt der Betrachter Hintergründe zur Wechselbeziehung zwischen Person und Stadt – und zwar über einen vom jeweiligen Gesicht Bonns persönlich verfassten Text.

Gesichter Bonns ist Kunstprojekt, Stadtführer und soziales Netzwerk. Es gibt der Stadt nicht nur ein Gesicht, sondern viele verschiedene.

ISBN 978-3-945152-16-4